我陪孩子 学 数学和科学

WO PEI HAIZI XUE
SHUXUE HE KEXUE

许 薇·著

北京师范大学出版集团
BEIJING NORMAL UNIVERSITY PUBLISHING GROUP
北京师范大学出版社

图书在版编目（CIP）数据

我陪孩子学数学和科学／许薇著．—北京：北京师范大学出版社，2020.6
　　ISBN 978-7-303-25832-1

Ⅰ．①我…　Ⅱ．①许…　Ⅲ．①数学课－学前教育－教学参考资料　②科学知识－学前教育－教学参考资料　Ⅳ．① G613

中国版本图书馆 CIP 数据核字（2020）第 084740 号

营 销 中 心 电 话　010-58802181　58805532
北师大出版社职业教育分社网　http://zjfs.bnup.com
电 子 信 箱　zhijiao@bnupg.com

出版发行：北京师范大学出版社 www.bnup.com
　　　　　北京市西城区新街口外大街 12-3 号
　　　　　邮政编码：100088
印　　刷：天津旭非印刷有限公司
经　　销：全国新华书店
开　　本：730 mm×980 mm　1/16
印　　张：13
字　　数：200 千字
版　　次：2020 年 6 月第 1 版
印　　次：2020 年 6 月第 1 次印刷
定　　价：49.80 元

策划编辑：林　子　　　　　　责任编辑：马力敏
装帧设计：焦　丽　　　　　　美术编辑：焦　丽
责任校对：康　悦　　　　　　责任印制：陈　涛

推荐序

人们常说："父母是孩子的第一任老师，家庭是孩子的第一所学校。"可见，家庭教育对孩子的健康成长有着举足轻重的作用。每一个做父母的都希望自己的孩子长大成才，也都心甘情愿地为孩子的健康成长倾心付出。父母对孩子的教育往往可以影响孩子的一生。

身在北京，感觉没有哪一个家长是不焦虑的。几乎所有的身边人都在告诉你：不能让孩子输在起跑线上！要给孩子选一个好小学、好初中！要给孩子报很多很多的辅导班！教育压力如影随形……

然而，我认为教育不应该是一件功利的事情。作为家长，我们不应该去做无谓的比较，让自己产生焦虑，然后再把这种焦虑传递给孩子；我们应该保持足够的定力，抵挡住各种蛊惑和压力，选择做正确的事情：遵循孩子的性格和特点，对孩子因材施教，重视父母的榜样作用，养成好习惯和孩子一起成长，依照孩子的接受程度，提出合理的目标和要求，不要过高的期望，不做过多的指责。

看了许薇女士的《我陪孩子学数学和科学》，除了她对孩子的教育态度和方法，我印象最为深刻的是：她有一颗想把孩子培养成"才"的爱心，有一股路漫漫上下求索的韧劲。我认为这些是最为重要的。

这本书基本上是按时间顺序来写的，涉及的面相对较为宽泛，讲了数学，讲了科学，还讲了需要培养孩子的责任心、科学精神和终身学习的态度等。只要稍微仔细阅读全文，我们就不难发现作者在引导孩子学习数学知识和科学知识的过程中努力培养孩子的责任心、使命感、科学精神和终身学习的态度。这些能力和态度都是孩子未来走进社会最需要的，作者却在与孩子的互动学习中"润物细无声"地传递给孩子，影响着孩子。在内容选取上，作者也是颇有用心。比如说"打破砂锅问到底——恐龙到底长什么样"这一章，作者是从孩子感兴趣的恐龙开始谈起，通过逐步提问，把各种深奥难懂的相关知识联系起来，让孩子在了解知识的同时，培养了好奇心。接下来的"让孩子通过认识事物本质去理解知识"这一章较前一章更注重理解能力的培养，同样也是深入浅出地引导孩子理解和学习知识。最后的跨界思维能力、科学精神和终身学习意识的培养，更是把孩子各种"能力"培养的渐进关系讲述得清楚明了，非常之用心！

毋庸置疑，作者是一个有计划、有想法的妈妈。孩子小的时候因为认知能力的局限，需要家长或教师有效地引导和培养，需要家长或教师用心地保护孩子的好奇心，循序渐进地培养孩子的思维能力和终身学习的习惯。当孩子大一些的时候，这些逐渐形成的思维能力和学习习惯会对他们产生潜移默化的影响，也就是说，孩子会自己去应对学习和生活的挑战。这应该是孩子能持续发展的根本。

作为家长，我们都希望自己的孩子一辈子能开开心心、快快乐乐地做自己喜欢的事情。而保有一颗好奇心，终身学习的能力和习惯，以及自身的责任感和使命感，应该是能让这份开心和快乐持续下去的源泉。

现在已经有不少关于家庭教育的书籍，也有很多关于科学科普的书籍，但是在如何引导孩子学科普知识和科学思维的方面，我的确没有找到相关的书籍。许薇女士的这本书用情境再现的方式向我们展示了数学思维、家庭科普、能力培养、习惯养成的方式和方法。如果您在孩子的家庭思维培养和辅导方面有一些困惑、迷茫甚至焦虑的话，不妨看一看这本书，或许能借鉴一下许薇女士的经验和教训。

作为一个科研工作者，也作为一个教育工作者，更作为一个孩子的家长，我向您推荐这本书。

戴朝波

全球能源互联网研究院　教授级高级工程师

前　言

　　经常看到或听到家长们反映：辅导孩子功课难，辅导孩子学习数学更是难上加难。家长觉得已经给孩子讲得很明白了，但是孩子却怎么也不能理解。因为家庭辅导功课的问题，有些家庭亲子关系急剧恶化，甚至影响到夫妻和睦。但是，出现这些问题，真的都是孩子的原因吗？以我的亲身经历来看，问题大部分出在家长身上。出现这样的问题并不是因为家长在辅导孩子功课上缺乏耐心，而是因为家长没有考虑到孩子的认知能力和思考方式。孩子的思维方式跟成人的思维方式不同，如果家长以自己的理解方式和思维方式来辅导孩子，孩子很可能听不懂家长对问题的讲解。这样一来，可能会使家长失去耐心，久而久之，还可能会让孩子对学习产生惧怕的心理，甚至会讨厌某门学科。

　　我在儿子明明小学二年级的时候，开始尝试在家里辅导他学习数学。刚开始，明明的表现让我"大失所望"，那段时间，我的情绪时常处于"崩溃"的边缘。一次偶然的机会，我幸运地找到了出现问题的原因，从此走上了和孩子一起快乐学习、快乐成长的道路。

　　数学作为理工科的基础学科，其重要性不言而喻。数学需要很强的理解和分析能力。但是，小学生理解力较大人弱，把小学生不易理解的知识转化成他们能够理解的知识，是家庭辅导的重中之重。根据明明和他的小伙伴的兴趣特点和理解能力，结合实际生活经验，我对数学基础知识进行了深入的讲解和剖析。比如，用公交车上的乘客和四则运算的符号对比，让孩子把抽象的数学符号和实际生活联系起来，有助于他们的理解；用对比的方法让孩子来理解"除法"的计算方式；用"周长""面积"的实际意义及其在现实中的应用让孩子来理解它们……在我们的互动学习中，明明和他的小伙伴的思考能力和理解能力都得到了很大的提高。在后来的学习中，孩子们感受到了思考能力和思维能力的提高带给他们的好处，这不仅使数学成了他们最爱学的学科，而且也提高了他们的自信心。

随着明明年龄的逐渐增长和思维能力的逐渐提高，我跟他一起探讨他感兴趣的科学知识。比如，我从他感兴趣的恐龙谈到了原子结构，又谈到原子弹的原理，以及元素的衰变和化石的形成，再到恐龙的灭亡。在这一过程中，明明不仅拓展了知识面，更学会了思考。明明通过理解事物的本质去认识身边的科学现象，并懂得利用科学知识为生活服务。

通过我们的互动学习，明明不仅愿意思考，而且愿意提问了。互动学习提高了他对数学学科的学习能力，还提高了他英语和语文的阅读能力，更重要的是，使他理解了学习知识的目的不仅仅是考试，更多的是如何在生活中应用知识。这种多方位的提升，带给他的欣喜和自信是无以言表的。

我是一个希望孩子快乐成长的妈妈，很注意从小培养孩子的责任心、使命感、思考能力、解决问题能力，不畏惧权威的质疑精神以及终身学习的态度。在与孩子探讨问题时，为了通俗易懂和便于引导，我在科学的严谨性中做了一些折中，这可能会引起误解，也可能会造成一些不恰当。当然，本人学识和精力都有限，所想的和所说的不一定都准确，甚至还会有一些错误的地方，但是，在孩子和我身边朋友的鼓励下，我还是决定把自己陪孩子学习数学和科学的过程和心得体会写成书，分享给更多的家长，如有不当和偏颇之处，请予指正。在孩子的成长过程中，我也有过焦虑，有过迷茫，犯过错误，希望各位家长能从我的身上吸取教训，按照孩子的成长规律，尊重孩子的兴趣特性，施以合适的方法，让每一朵小花都能展现属于自己的光彩。

许　薇

2019 年 9 月于北京

目录

Contents

我是一个焦虑的妈妈

1

1.1 身处首都，感受遍地狼烟的"战争"

这是一场没有硝烟的"战争"，没有人能置身事外。孩子们面对的来自所有同龄人的竞争，远比其父辈小时候所经历过的要激烈、要残酷。这场"战争"所带来的影响，即便是没有参与其中的家长也会感到焦虑。

如果有人要问，这年头，谁最焦虑。我想十有八九，大家会说是家有学童的家长。打开网络，随便搜索一下，到处都是各种培训广告、教育信息。进入家长群，各种"牛娃"、各种"鸡血"。翻一翻朋友圈，各种奖状、各种经验总结。当我看到在我们首都的教育强区，家长和孩子一起上课的情景（图1-1），我不可能一点儿都不焦虑呀！

"升学改革，不好好学习，就等着大派位。进不了好初中，就意味着进不了好高中，进而考不上好大学，找不到好工作……"

"幼儿园中班就开始学习奥数，大班就通过 KET（剑桥英语的 Key English Test），一二年级就过 PET（剑桥英语的 Preliminary English Test），三年级就开始尝试 FCE（剑桥英语的 First Certificate in English）……"

现在的娃，可真是一届比一届"牛"，评判"牛娃"的标准也逐年水涨船高。

图 1-1 家长和孩子一起上课

2013 年，我同事的孩子小升初，到现在，我还清楚地记得她给我们普及的小升初"常识"。她告诉我们：如果孩子在某杯赛上拿一等奖，从此以后，在小升初阶段你就可以高枕无忧了，也就是说，不用再担心小升初，在家里等着就行，让大家羡慕的海淀"六小强"初中会主动给你打电话，直接录取你家的孩子。现如今，一个杯赛的一等奖只能是某些重点初中给我们家孩子参加小升初面试机会的一个参考条件罢了，也就是说，只有一个杯赛成绩是绝对不行的，还要有几个杯赛获奖的好成绩、市三好学生荣誉、英语等级考试成绩和各种才艺。所有这些加起来，才能给我们家孩子一个面试的机会。"牛娃"的标准也从原来的只要数学单科强，到语、数、英全面"开花"。才艺虽然早已不再是小升初的加分项，但是，据说，"牛娃"们在语、数、英都不"耽误"的情况下，各种才艺等才能也是杠杠的（非常好，没的说），诸如钢琴能达到十级水平。不过，这样的才艺也只是为了让"牛娃"更自信罢了。

我还清楚地记得 2015 年，小学四年级就被海淀"六小强"某初中点招的一个朋友家的"牛娃",在小学五年级才开始准备 PET 的,现在,PET 早已被更难的 FCE 所代替。2018 年 11 月,明明的同学小刘哥参加 PET,小刘哥妈妈大受刺激:一个 6 岁的"牛娃"跟她儿子(10 岁)一起进的 PET 考场。小学五年级的小刘哥个子高,已经有一米六了。不知道是因为"牛娃"的个子矮(小刘哥妈妈感觉"牛娃"应该不到 1 米的样子),还是因为"牛娃"的年纪小,或者是因为小刘哥妈妈承受打击的能力太弱,反正,6 岁的"牛娃"与小刘哥的对比实在是太明显。"真叫人大受打击,确实是没有对比,就没有'伤害'啊!"小刘哥妈妈事后这样感叹道。

在孩子的教育上,我自认为算不上"鸡血"的妈妈。我和明明爸爸都认为自己很普通,我们的孩子也应该很普通。我儿子明明没有上过学前班,幼儿园上的也是离家近的、最普通的幼儿园。对于小学教育,我和明明爸爸不是一定要让孩子上重点小学,相反,在明明上小学之前,我们特意把一家三口的户口从教育较强区迁到了现在住的地方,为的就是让孩子上学能离家近一些,不用天天很早就起床、很晚才回家。在明明上小学之前,明明爸爸单位的多位同事多次建议我们在城里买套房子或是把现在的房子换成城里的房子,好让儿子能接受更好的、更优质的教育。我们确实纠结了很久,最后没有买房子,也没有换到城里的学区房。我们都觉得:不论什么样的学校和老师,对于孩子,家庭教育都应该是非常重要的。我们现在住的地方离各自的单位都相对较近,上下班在路上花费的时间也较少,这样一来,我们就能早点到家,能有多点时间陪孩子。如果换到城里,上下班所需要的时间会比较长,当然人也会更加疲惫不堪,到家后,能陪孩子的时间应该会减少,陪孩子的耐心也可能会随之缺乏。

虽然我不是一个"鸡血"的妈妈,但是,我也清楚地明白,即便现在明明没有参与这场没有硝烟的"战争",将来他还是需要跟大家一起竞争的。因为高考的时候,不会因为明明没有在重点小学读书,就可以给他降低分数线录取的。将来找工作的时候,也不会因为他没有在重点小学读书,就可以降低一些标准聘用。

都说"家庭是孩子的第一所学校，父母是孩子的第一任老师"，作为妈妈的我，即使工作再忙，也需要挤出一些时间，给孩子合适的教育、陪伴和爱。学习文化、探索知识，应该是快乐的、充满激情的。我们要有意识地引导孩子的好奇心，积极地培养孩子的思考能力，及时地分享孩子取得进步后的喜悦，以期做到学海无涯"乐"作舟。

1.2 孩子学不明白，是孩子的问题还是我的问题？

教孩子学数学，孩子听不懂，气得我开始打孩子，家庭关系因此急剧恶化。孩子听不懂的主要原因在于我。我开始改变方法，给予更多耐心，静等花开。

在孩子的教育上，我自认为算是一个比较有计划的妈妈。我们单位同事普遍重视孩子教育，不少同事家的孩子都是"牛娃"，小升初时有不少孩子被重点中学点招，每年还会有一些孩子考上清华大学或北京大学。因此，很早，我就了解到那些"牛娃"们在哪个年龄段开始学习哪些知识。比如，很早，我就了解到首都教育强区的"牛娃"们一般在小学二年级开始学习奥数，迟一点的会在三年级。考虑到奥数中很多的知识点都会用到乘除法，而小学二年级才学习乘法口诀，因此，我给明明定的计划也是在二年级到三年级的时候开始接触奥数。如果更早的话，我觉得应该是太超前了，孩子的理解力通常不到位，效果也不见得好。另外，要学习好、理解到位，也不差那一年半年。我当时还想，我和明明爸爸上学的时候，都是理科比较强的，我们的孩子在理科方面应该不会太差。

乐观归乐观，对于明明学习奥数这件事情，我还是很上心的。在明明还没上小学的时候，我跟我单位同组的一位"学霸"爸爸聊起他的"学霸"

儿子学习奥数的经历，他向我推荐了一套奥数教材，我没有片刻犹豫，当天就买了回来。我想我先看看现在的奥数是什么样子，等明明读二年级之后，我就可以讲给他听了。有空的时候，我就拿出这套奥数教材看上几眼，居然还能做出来，感觉自己的水平还可以，甚至还有点小得意。

等到明明二年级下学期的时候，我拿出了早就准备好的奥数教材。我想着应该从基础做起，那就先从一年级的奥数教材里面找出一些题目吧。在二年级上学期，明明已经学了乘法口诀，因此，我觉得他应该可以做那些一年级的奥数题目。结果呢？他做了半天，居然都没做出来。当然，我就有点不高兴了，心里想：这么简单的题目，居然还做不出来！我耐心地给他讲了好几遍，可是他呢？还是听不懂，一看就是很懵的样子。

就是这样一道题目，如图1-2所示。

根据下图中数字的规律，□里应该填几？[①]

5	3	4
14	10	8
25	20	

图1-2　数学题

最让我受不了的是：在讲题中，我偶然发现，他的一位数乘法都不过关，算一个算式，比如2×8=？他要把乘法口诀从头背一遍，一直背到"二八十六"，才能算出2×8的结果。我实在是被气得不行了，马上把明明拎起来，一顿狂踹。其实就是我拽着他的胳膊，用脚背踹他的小屁股。我还是有点理智的，只是用脚背踹，因为这样一来，我使不上劲，就不会踹得太狠，但还能解气。很显然，明明被我吓到了，一直哭，一直躲。我一直踹，我们在屋里不停地转圈。其实，我确实是不想打明明的，因为我小的时候，我父亲有时候也会在他喝醉酒时，因为一点小事就打我和弟弟，这些在我的心里一直留有不小的阴影。所以，在这"脚踹"事件发生之前，

---

① 答案为10。

我就下过决心：我绝对不能打我的明明。但是，现在，我真的是被气急了，真的有点控制不住自己的情绪了。

从这之后，几乎每次我们讲题，我都被气得要"死"，当然，明明也免不了要被打。有几次，还被明明爸爸看见了，他不让我打孩子，跟我大吵一架。因为这件事情，我们两个人的关系也受到了比较大的影响，我和明明爸爸吵架时，明明也被吓得使劲哭。有段时间，明明爸爸甚至不太敢让我跟明明单独在家，怕我忍不住又打明明。其实，每次打完明明之后，我很心疼，也很自责，觉得不应该打，也不能再打，但是，下次讲题出现严重问题时，我又忍不住会打他……

这样痛苦的经历持续了一段时间。有一天，我去接明明放学回家，小刘哥妈妈刚好也去接她的孩子。我们两个妈妈谈起孩子学不学奥数的事情。小刘哥妈妈说，小刘哥前段时间对奥数特别着迷，看见邻居哥哥做奥数作业，吵着嚷着也要学。小刘哥妈妈说她本来是要给孩子约大班课的，但是，大班课很难约上，还要在工作日去很远的地方考试，她想着给孩子试试"一对一"课，但是"一对一"课上完之后，小刘哥好像不太想学奥数了。小刘哥妈妈也跟着上了"一对一"课，据她说，老师讲得偏快，孩子听不大懂，这应该是小刘哥学奥数的积极性受到影响的原因。我也跟小刘哥妈妈倒了苦水，我研究奥数倒是研究得挺明白的，但是每次给孩子讲，孩子都听不懂，把我气得快要"发疯"了。我们聊着聊着，都觉得孩子们现在学习奥数不算晚，可以有机会尝试各种学习方法。既然合适的培训班不好找，不如由我来教孩子们，两个孩子一块学习还可以有个伴。我们俩当时都觉得，如果我同时教他们两个，我就不能再发那么大的脾气了，毕竟我不能随便对别人家的孩子发脾气呀。

我们约定每个周末学习一个半小时，题目由我来出。刚开始的第一周，在课堂上，我就发现出了问题。有些题目，我讲完之后，两个孩子都是一脸懵……

上完第一次课之后，我一直在想：为什么他们听不懂我讲的问题呢？

两个孩子都听不懂，应该不是两个孩子都有问题，应该是我讲题目的方式方法出了问题。想了好长一段时间，我才想明白：其实，小孩子的思维方式跟大人的思维方式有很大的差别，大人很容易听懂的事情，小孩子却不容易听懂，如果要让小孩子能听懂我讲的问题，就需要用他们能够理解的方式去讲。想到这里，我也对明明充满了愧疚，因为自己的过失，却一直迁怒于孩子，我真是一个不称职的妈妈。

在接下来的时间里，也许是因为愧疚，也许是因为觉得找到了努力的方向，我对自己充满了信心，从而表现出极大的耐心。我努力寻找孩子们能理解的方式去讲题。我小时候也有一段从"学渣"到"学霸"的经历。其实，我也没有那么"渣"，全班三十几名学生，我的成绩在前十名左右的样子。有一次的数学测试成绩深深地刺痛了我，那是在我读小学四年级时的一次随堂数学测试，总共 8 道计算题，都是四位数字的四则运算。我平时就有点不认真仔细的小毛病，经常会错 1 道题，偶尔会错 2 道题，但是这次，比较夸张，我居然错了 4 道题，那红红的 50 分，一直印在我脑海里。从那以后，我就努力学习数学，每次都在数学练习册里面找最后的那几道题练习，差不多就是跟现在奥数相似的题目。经过自己的辛苦努力，每次解出题目时的那种喜悦真的是无法用言语来形容。渐渐地，我发现自己还是很喜欢数学的。那时候，基本上没人帮助我，我只能靠自己一个人去思考，当然也不会有人规定我思考问题的时间，所以，慢慢地，我逐渐形成了自己的一套解题思路，即使后来我上了高中，有时也会用到在小学时形成的一些解题思路。这些解题思路其实是很适合小孩子的，因为那时，我就是小孩子，这些思路属于小孩子自己琢磨后领悟到的。现在，有了较为合适的讲题方法，我需要的是让自己慢下来，让自己去适应孩子们的学习节奏。

我终于解决了自己的问题，但是，孩子们又出现了新问题。之前说过，小刘哥在没学奥数之前就对奥数产生了极大的兴趣，甚至要把邻居哥哥的作业拿回家写。明明之前学习奥数的主要问题也在我这边，主要是因为我不恰当的讲解方法和暴躁的脾气。现在我的讲解方法改进了，脾气也尽量克制了，所以，明明也开始慢慢对数学有了兴趣。但是，小孩子毕竟是小孩子，他们可以很容易对一件事情或是一项技能感兴趣，不过，如果要他们坚持做下去，那可就是另外一回事了，一般他们很难会主动地、持续地对一件事情或是一项技能感兴趣。对于成年人，我们都知道数学是一门既需要动脑筋，又需要动笔去演算的学科。但是，对于小学低年级的孩子，尤其是这两个没有经历过学前班动笔训练的孩子，每次让他们动笔写写字，就跟"要他们命"似的。听我讲题，这个没问题，如果碰上自己喜欢的题目，他们还会非常愿意跟我一起讨论。但是，讲完题后，让他们整理一下思路，并写在习题纸上，那简直就是比登天还难呀！我让小刘哥写数学算式，小刘哥不吭声，再坚持几次让他写数学算式，小刘哥竟然哭了起来。我没有好的办法，只能自己帮他把数学算式写在习题纸上。明明呢？其实他也不想写，之前出于对我的惧怕，他还会非常不情愿地写一下数学算式，现在，他发现小刘哥不愿意写，妈妈不仅不发脾气，而且还帮着写，就也不写了。到最后，我们的课上，他们两个就是听听，我来讲题和写算式。

我和小刘哥妈妈商量后，先默许这样的状态持续一段时间，并希望他们能慢慢入门。这样一来，以后去培训机构学习，老师一定会留作业，到那时，他们应该不会太抵触，这样就能顺利走上正轨。

孩子们的潜力真是无限呀！刚开始时，明明和小刘哥还各种抵触和抗拒，经过两个多月的坚持，我们的努力和耐心终于盼来了他们的"花开"。明明这边的状态逐渐好转，不但开始动笔演算，对数学的兴趣也越来越浓厚。有一次，我问明明："明明，喜欢学奥数吗？"我本以为他会有点犹豫，结果他特别开心、特别干脆地说："喜欢！"我问："为什么？"我很好奇，他对奥数态度的转变为什么会这么大。他不假思索地回答："**因为学好奥数，妈妈开心，我还能在学校显摆。**"同时，小刘哥那边的状态也越来越好，不再需要我帮他写演算题目了。让我们更加欣喜的是：十一长假期间，小刘哥一家回老家，没有买到火车的坐票和卧铺票，只买到了站票。在拥挤嘈杂的火车车厢里，小刘哥非要在小马扎上演算他的数学题，这种感人的场景，让一向关心小刘哥视力的小刘哥父母都不忍心打断。当然，孩子毕竟是孩子，他们通常不会永远有那么大的学习劲头。他们的学习劲头可能会随他们的兴趣和热情而漂浮不定，甚至偶尔他们还会有不那么想学的状态，但是，总体来说，两个孩子已经有相当大的进步了。看着孩子们的变化，我跟小刘哥妈妈开始商量是否是时候让他们去培训机构学习了。

1.3 去培训机构学还是在家教?

去培训机构学习还是在家里自己教?考虑孩子们的实际情况,最终,我们选择了在家里自己教。显然,这种情况家长需要付出更多,但是,孩子们不需要奔波在家和培训机构之间的路上,更为重要的是在家教更便于因材施教。比较付出和收获,孩子们的"性价比"应该是蛮高的。

我、明明爸爸和小刘哥父母原来计划:由我先在家里教明明和小刘哥一段时间,作为两个孩子去培训机构学习的过渡,然后再把孩子们送到培训机构。因为在家教孩子们学习,大人需要备课、讲题、批改作业、答疑等,付出真的是非常多。单纯从大人们的时间成本、辛苦程度、单位晋升的机会成本和孩子们没有参加培训所节省的费用来看,在家教的性价比很低是显而易见的。

经过考察和对比,我们决定从培训机构找一个"一对二"的老师,同时教他们两个,这样的好处在于时间安排上相对灵活,内容调整上也会相对方便。根据小刘哥之前上课的经验,我需要跟着去听课,如果两个孩子有听不懂的地方,回来后,我会给他们有针对性地再讲一讲。于是,我和小刘哥妈妈预约了某培训机构的一个"一对二"的老师,先让老师测试一下这两个孩子,测试结果还算比较令人满意。那时,孩子们刚上三年级,年级比较低,还有很大的潜能,老师好心好意地建议我们可以让孩子们去冲一冲杯赛的一等奖，具体建议是每天做一套题，大概需要一小时。我们担心可能没有这么多的时间，但是老师坚持应该试一试，如果能获奖，对孩子们的小升初是大有好处的，不试的话，可能会让孩子们失去一些机会。我们当然明白：时间花在那儿，正常情况下都不会是白花的，大量的练习对取得好成绩肯定是会有帮助的。

回到家里，我计算了一下时间，每天做一小时的数学试题，肯定会有一些不会的题目，需要花时间讲明白，这样一来，学数学的时间可就不止一小时啦。我们下班回家，做饭，吃饭，收拾好，基本上都要到 7 点半以后，这样算起来，整个晚上的时间就基本上都交给了数学。数学需要时间，英语也需要时间呀！我和孩子爸爸的英语水平都一般，尤其是我们英语的口语和听力都不太好，所以，我们很早就让明明参加了以口语和听力练习为主的英语学习班，孩子比较感兴趣，一直坚持得很好。现在，如果按培训机构老师建议的那样投入时间来学习数学的话，基本上就没有时间来学习英语了，也就几乎等于放弃了英语！我们认为英语有时候比数学还重要，随着全球化进程的加速，国际工程、国际项目、学术交流会越来越多，和同行、客户，甚至和同事交流都可能需要用到英语。而且，学习语文，学习中华民族的优秀传统文化，也有不少经典篇章需要花时间去阅读。总之，鱼和熊掌不能兼得呀！

在接下来的近一个月的时间里，我像是精神受了过度刺激的祥林嫂一样，每天晚饭后都和明明爸爸讨论这件事情，有时早上早醒也要讨论一会儿。其实呢？也没有太多需要讨论的东西，翻来覆去就那么点事情。最后我们痛下决心，先不让孩子去培训机构学习了，由我自己来教。至于能坚持多长时间，我那时心里其实也没底，先走一步看一步吧！小刘哥家也有类似的问题，我把我的想法跟小刘哥妈妈说了一下。小刘哥父母商量之后决定：让小刘哥继续跟着我们一起学。

在接下来的半年里，也就是孩子们三年级的第一个学期，我们的教和学进展得还算可以，尽管孩子们偶尔会发一些小脾气，但我与两个孩子磨合得越来越好。转眼就要到年底，可以报杯赛了。我和小刘哥妈妈对杯赛都不太了解，我只是听同事说过"迎春杯"（原是北京市一项传统中小学数学赛事，2019 年起已停止举办）的难度很大，当然分量也很重。我和小刘哥妈妈商量后决定可以让孩子们试试，在征得两个孩子的同意之后，我们给孩子们报名参加了"迎春杯"。参加杯赛的主要目的有两个：一是检查一下教学效果，因为我们都是自己学习，跟其他孩子比起来，不知道两个孩子学得怎么样；二是锻炼一下孩子们，让他们经历一下大型考试，以此来锻炼心理素质。事先，我们也跟两个孩子约定好，参加杯赛只是想看一看自己哪里有不足，只要尽力就可以，不用太在意结果。

　　说实在的，我当时感觉还是挺有压力的，因为跟那些在培训机构里经过专业训练的孩子比起来，我们这两个孩子可能会相差太多。其原因：一是我讲课的时间很有限，一周一次课，每次课大概 2 小时，寒暑假都不上课，这样一来，一年我也就能给他们讲三十次课左右，约 60 小时。二是我讲课的内容有限，因为我们上课的时间很少，无法按照经典奥数教材中一个知识点接一个知识点地进行系统、全面地讲解，只能是自己选题讲解。我有意选择那些能锻炼孩子们思维的问题给他们讲，然后对一个问题及对应的知识点进行比较深入的剖析，让孩子自己逐渐学会思考，以期待通过提高思维来代替大量的模拟练习，也就是不用大量刷题。三是我个人的经验不足，比起那些专门从事教育工作的老师应该差不少，尤其在竞赛和考试经验方面会差更多。好在小刘哥父母和我们都没有把竞赛看得太重，仅仅把它当作给孩子们提供的一次锻炼机会。在接下来的一段时间里，我找到了最近三年的"迎春杯"竞赛试题，给孩子们做模拟练习。无论如何，孩子们总要先熟悉一下考试流程，看看考试题型是什么样子，知道如何涂答题卡。万事开头难，第一套"迎春杯"竞赛试题的练习结果是孩子们只做出来两道题，真是惨不忍睹呀！我仔细琢磨了考试题，按照他们当时的理解能力，通过我的耐心讲解，如果他们能理解并掌握运用相应知识点，再加上考试时略微超水平发挥的话，也就是说把会做的题目全部做正确，在这样较为理想的情况下，我觉得他们两个也就能做对五道题或六道题（包括最后一道送分题）。

基于这个判断，我就以相对容易的前面几道题为重点进行突破，想尽一切办法，把这几道题给孩子们讲懂、讲透。这样做的效果总体来说还是不错的，到最后，发挥较好时，他们能做对五道题左右。其实，初赛时要是真能做对五道题目，进入复赛就没有什么问题啦。

"迎春杯"的最后一道题属于送分题，是一个调查问卷。据说这是因为"迎春杯"的试题难度较大，考虑到有些孩子可能一道题都做不对，没办法跟家长交代，特意安排了一道大分值的送分题。在网络上，我看到过一些培训机构老师讲解最后一道题的解题方法，就是投机取巧的直接猜结果的方法。采用这种"解题技巧"确实可以节约时间，可以有更多的时间来解答其他试题，从而可能会提高成绩。但是，我一直要求这两个孩子，无论做什么题目，一定要先读明白问题，然后再作答，不能投机取巧！我觉得学习奥数最重要的目的就是锻炼孩子们的思维，如果连这一点思维锻炼都省略掉，那就失去了我们学习奥数的初衷。另外，至于考试时带上用橡皮做的骰子，实在做不出来，通过投掷骰子来猜答案，我是绝对不允许通过这样的办法来答题的，因为我们想要的是：通过考试成绩来检验孩子们的学习情况。

这两个孩子都经受住了"迎春杯"初赛的考验，顺利进入了复赛。在复赛中，明明取得了不错的成绩，而小刘哥因为临场紧张，没有发挥出应有的水平。尽管如此，两个孩子和四个大人都认为考试成绩已经超出预期，这给了我们非常大的鼓励，同时也让我更有耐心和信心去教孩子们。

后来的学习，总体上来说是越来越好，尽管有时候，会有各种各样的小问题。比如，有一道题目，明明先做出来了，小刘哥却没有做出来，小刘哥就会非常着急，有时候还会急哭。同样，如果小刘哥先做出来了，明明却没有做出来，明明也会非常烦躁。这时候，作为"老师"的我，正确的引导就显得非常重要了，先得让他们平复一下烦躁的情绪，然后才能让他们正确认识没做出来题目的症结所在。再如，有时候，我的题目出得有点难，超出了他们的理解范围，这就需要我来调整一下，把这些难题适当地延后，留在以后的日子再去尝试。当然，更多的是孩子们越来越好的状态，他们两个经常会互相吹牛。有一次，我问他们："你们班谁的数学学得最好呀？"他们两个回答："我们两个。"然后，这两个小家伙就都自豪得不得了。当然，我知道他们的回答不一定客观，但是，我认为这种自我鼓励的心理和好胜心对他们来说都是非常重要的。

小孩子是非常需要认可和鼓励的。比如，小孩子非常希望把他们取得的成绩分享到朋友圈，希望得到大家的点赞和好评等。一有点小成果，就迫不及待地发到朋友圈，我们大人都觉得这样做是不妥的，但不鼓励、不认可也是不妥的。因此，我们就建立了一个家庭群，爷爷、奶奶、外公、外婆、叔叔、舅舅、阿姨、舅妈等都在群里面，小孩子取得一点点小成绩，我们会发到群里，家人们就一通点赞和夸奖，两个孩子受到了相当大的鼓励。另外，他们两个也会把取得好成绩这样的好消息及时分享给他们的数学老师，数学老师当然也会鼓励和夸奖他们。所有这些都大大增强了他们的自信心。

时代不同，教育孩子的方式方法也应该有所不同。我们已经不能照搬以前的方式来督促现在的孩子学习了。比如，给他们讲爸爸妈妈小时候多么刻苦努力学习，考上了大学才有了今天的好生活，因此，他们一定要好好学习。对于他们，这样的说教基本上没有什么用。之前，我很不理解，直到有一天，我看到了一篇朋友圈转发的文章后终于理解了。这篇文章讲的是为了鼓励学生们好好学习、珍惜现在的美好生活，一所学校特意请来了一位老红军给学生们讲红军当年艰苦生活和努力奋斗的故事。本以为学生们会深受感动，从此努力学习、发愤图强，但是，讲演结束后，一位学生提出了令人诧异的反问："你们之前的努力奋斗不就是为了我们现在的美好生活吗？那我们为什么还要像你们那样艰苦生活和努力奋斗呢？"显然，孩子的反问真实地反映了他们的内心所想，悲情教育已经不能打动现在的孩子了。

　　孩子自己设立的伟大理想对鼓励他们前进会起到一定的推动作用，但这并不是说有了理想，他们就会一直努力奋斗、一路向前，不能指望他们像唐僧西天取经一样，不取得真经，就不向东归。明明的理想是长大后当一名化学家，我知道他的理想很可能不能实现，但是，在他想偷懒的时候，我把他的这个理想拿出来说事，还是有点小作用的。

　　有了一些小鼓励、小信仰、小成绩，两个孩子在接下来学习数学思维的时间里还算是平稳前行的，尽管有时候也会经历一些小情绪、小波折。接下来就是四年级，又到了竞赛季，我们又报名参加了"迎春杯"。本来我们也是想尝试一下华罗庚金杯少年数学邀请赛（简称"华杯赛"，已于2019年取消）的，但是"华杯赛"和剑桥英语PET在同一天，"撞车"了。我们参加数学竞赛的主要目的就是让孩子们锻炼一下，"华杯赛"和"迎春杯"出题思路和考试风格有所不同，两个杯赛都参加，确实能更全面真实地检验孩子们的数学学习效果，但不能为了数学学习效果检验的全面真实，而不去检验英语的学习效果。考虑再三，我们就选择了剑桥英语PET，无奈地放弃了"华杯赛"。

　　考试之前，我拿来真题让两个孩子模拟练习现场考试，找一找感觉，调一调状态。真题模拟成绩还不错，我对比赛成绩也就有了期盼。两个孩子都顺利通过了初赛，并在复赛中取得了非常不错的奖项。到现在，我还清楚地记得：初试完，小刘哥特别兴奋地给他妈妈讲他做出的欣赏题的解题思路（按难度来分，"迎春杯"的试题可分为三个档次，第三档的题目最难，大部分孩子是做不出来的，因此，被老师戏称为欣赏题，主要是让大家来欣赏数学之美）。小刘哥妈妈给我打电话，她没有听懂小刘哥的解释，但感觉小刘哥讲得很有道理。事实上，小刘哥的解答是对的。确实，小孩子的思维跟大人是不一样的，只要我们大人有意识地教育和引导他们，在某些方面，小孩子的思维可以比大人的思维更加灵活。

　　随着两个孩子升入五年级，我们也不得不考虑他们的小升初问题。其实，我从来没有想过一定要让我的孩子进入重点中学，我一直认为适合孩子的教育才是最好的教育。如果他真的能在好学校里名列前茅，我一定会努力想办法让他进入重点中学学习的，但是，如果他费了全部的力气却只能勉强进入重点中学，那么，我宁愿他不进重点中学。我不希望我的孩子把全部的精力和时间都放在学习和做题上，我希望他有一些思考的时间，有一些他自己能够自由支配的时间。

我也在思考：进入小学高年级之后，我是否适合接着教他们两个？我跟一个朋友讨论过这个问题，那个朋友觉得：如果是参加数学竞赛，这两个孩子肯定要吃亏，因为有很多知识点他们都没学过，更别说熟练无误地做对考题。明明和小刘哥可能需要花半小时，甚至更多的时间才能做出一道数学题目，与之相比较，熟悉这种类型题目的其他孩子，可能只需要几分钟就能做出来。如果小升初取决于数学竞赛成绩的话，很显然，对这两个孩子是非常不利的。

我得先承认这些都是合情合理的推断。但是，让我更加害怕或者担心的是过高强度的练习非常有可能会让孩子们产生厌学的情绪，很难培养孩子们的思考习惯，甚至会严重挫伤孩子们思考的积极性。明明爸爸的一个朋友来我家做客，曾经跟我提起有的孩子在小学阶段学习了一些超过他本身认知能力范围的知识，可等升到中学后逐渐发现，这些知识基本上没有用（其实，部分原因应该是孩子虽然学习了知识，但没有理解透彻，后来感觉所学知识不能在新知识中形成知识迁移），从而对某些知识产生了厌恶的情绪，甚至出现厌学的情形。我非常害怕出现这样的情况，其实，一直支撑着我自己教孩子的原因也正是基于此。我非常希望我的孩子能够学会学习，因为人生的路很漫长，学习应该是一生的事情，无论如何总有一天，孩子要学会自我学习。既然学习是一生的"长跑"，那就不应太在乎一时的领跑或落后。也许我的孩子现在落后了，别的孩子提前或超前学习的知识，在稍晚点的日子里，我的孩子也会学会的，作为家长不应该过分焦虑和着急。而对于学会自我学习这一点，我认为对孩子的未来成长意义会更大。

孩子稍微小一点的时候，我还有小小的虚荣心，希望孩子以后能够考上清华大学或北京大学，但现在我已经没有当初的那个想法了，我更希望他能一直快乐地学习，并对学习感兴趣，就算以后上了中学，功课紧张了，他也能保持旺盛的精力、饱满的热情去高效地学习，到了周末，还能抽出半天的时间去踢踢他喜欢的足球，而不是低效的拖拖拉拉，然后是累人的挑灯夜战，到头来，课业没有学好，身体还可能累垮了。退一万步来讲，就算他没能考上知名高校，也不是一件天要塌下来的大事情。只要他能一生保持对自己喜欢事物的兴趣，保持一种积极向上的精神，养成勤奋好学的好习惯，那么，他一定是幸福的，也会是对生活充满热情的，工作当然也不会差。

我在家里陪孩子学数学

2

好的教育应该是点燃孩子的学习热情，留给孩子更多的思考空间，绝对不是一味地灌输知识，不注重孩子的吸收能力与知识内化能力。

自从我决定在家里自己教孩子学数学之后，整个人也淡定了很多，我决定按照自己的计划和节奏来教孩子。我很早就买了教材，但并没有按照教材一个章节、一个章节地教孩子学习，而是把更多的精力放在了让孩子通过对基础知识的深入学习和理解来提高思维能力，通过知识迁移来领悟更多的新知识，并根据孩子能够接受的程度，逐步增加难度来进一步提高他们的思维能力，再结合知识内化能力的提升，逐步提高他们的学习兴趣和学习能力。因为我觉得，基础知识的深入理解和融会贯通，对孩子思维能力的形成和发展起到至关重要的作用，也是开启孩子学习数学知识大门的一把钥匙。我能做的是陪他一起学习、一起寻找，以期找到这把钥匙，打开这扇大门，那样，孩子就可以凭自己的兴趣和本领在知识的海洋里遨游了。我需要做的是点燃他的热情并给予适当的引导，把更多的空间和思考留给孩子自己。虽然，学校老师已经教给孩子很多基础知识，也给予了很多引导，但是，学校老师在遵照教学大纲、教学内容和教学进度，并且兼顾几十个孩子的前提下，要想对每个孩子做到因材施教，是一件几乎不太可能完成的事情。而作为家长的我，面对一两个孩子，有充足的精力和时间，完全可以对孩子做到因材施教。

在后来的实践中，两个孩子在思维上的确得到了不小的提高，一些问题并不需要给他们讲解过多，他们已经有了自己的解题思路。有些题目甚至不用给他们讲，他们也有自己的想法。对于一些知识，他们也能做到触类旁通，融会贯通。虽然跟"牛娃"比，他们还是有很大的差距，但是，跟他们自己比，已经有不小的进步了。再说，取得这些进步并没有占用他们太多的时间和精力，这也就很好地保护了他们的学习兴趣。所以，目前来看，这些教学方法还算是适合他们的。

"减少了。"两个孩子一起回答。

"那就继续减。"他们继续补充道。

"所以，328落下来也是减。"我边说边把算式补充好。

$$528-196-328 \tag{2-9}$$

"我们再按照你们两个开始时说的那样，把528与328凑在一起，调整一下196和328的位置，现在算式就变成了这样。"我补充道。

$$528-328-196 \tag{2-10}$$

"好了，现在让我们总结一下吧。"我提出建议。接着，我跟孩子们一起总结道："528减196与328的和可以先减一个196，减少了，再继续减328，最后，调整数字顺序凑整，就可以用这个算式来表示。"

$$528-（196+328） \tag{2-11}$$
$$=528-196-328$$
$$=528-328-196$$
$$=4$$

看样子，两个孩子是明白了为什么在加减运算中括号前面是减号，去括号后括号里面的加号要变成减号了。趁热打铁，我又给两个孩子出了一道题目：

$$528-（296-272） \tag{2-12}$$

我问："你们两个能不能计算一下这道题目呀？算完后，还需要说明道理的。"

两个孩子分别在自己的练习本上迅速写出了下面的算式：

$$528-（296-272） \tag{2-13}$$
$$=528-296+272$$
$$=528+272-296$$
$$=504$$

小刘哥和明明都想先说，我只好让他们通过"石头、剪子、布"这个猜拳游戏来决定，谁赢谁先说，这个方法是我们在不能决定谁来先说时最常采用的办法。这一次猜拳的结果是明明先说，明明是这样回答的：

"在四则运算中有括号的算式，要先算括号里的算式。我发现括号里的 272 可以与括号外的 528 凑整，所以，可以先去括号。528 先要减 296，然而，没去括号之前，它是要减 296 与 272 的差的，现在去括号，是直接减了 296，比之前 296−272 要多，所以要加回来，就加 272，所以，整个算式就变成了 528−296+272，这样计算的结果就是 504。"

小刘哥觉得明明说得不错，但他觉得自己也可以说得很清楚。我只好又出了一道题目，小刘哥也顺利地解出了题目，并讲出了其中的道理。

我看只带加减法的运算题目，孩子们已经理解得差不多了，就决定出一道乘除法的题目。我说："我们来做一道乘除法的题目，挑战一下，怎么样？"两个孩子都同意。

于是，我给孩子们出了这样一道题目：

$$156 \div （3 \times 4） \qquad （2-14）$$

这一次，小刘哥是这样计算的：

$$156 \div （3 \times 4） \qquad （2-15）$$
$$=156 \div 3 \div 4$$
$$=52 \div 4$$
$$=13$$

我看了看小刘哥的演算，点了点头，"很不错！"我接着问："能不能说说为什么要这样演算呀？"

他开始讲解："直接用 156÷12，我还得摆竖式，所以，我要先去括号，就是 156 要先除以 3，然后再除以 4，原因是……"

看得出来，小刘哥很想把道理说清楚，但是，好像还有一点语塞。

我试图引导他，说："你再想想看，156÷（3×4），现在，3 和 4 是什么关系呢？156 除以的是什么呢？"

经过我这么一提醒，小刘哥好像马上想到了什么，顺着我的思路接着说："156 除以 3 与 4 的乘积。"小刘哥又停了下来。

"那么，你现在去掉了括号，先除以 3，这比实际上要除以的数字……"我故意放慢了说话的语速，提示道。

"小了！"两个孩子异口同声地说。

"所以，还要继续再除以 4！"两个孩子一起补充道。

"哈哈，看看你们有多棒！说得有多好呀！"我夸奖道。适当及时的认可和鼓励对于两个孩子保持学习热情是非常必要的。两个孩子相互做了一个调皮的鬼脸，表示一下胜利的喜悦。

"我们一起把这个问题总结一下吧！"我建议道。于是，我和两个孩子把这个问题做了如下总结：对于由乘除和括号组成的算式，计算时如果要先去括号，括号前面是除号，则括号里面的乘号要变成除号，因为要除以的是这两个数的乘积，先除以了第一个数字，还不够，还需要接着除下去。

接着，我又给他们出了一道相似但又有点变化的题目：

$$288 \div (36 \div 7) \qquad\qquad (2\text{-}16)$$

两个孩子仔细观察题目后说道："这道题目直接算，根本算不出来，所以，只能先去括号。"

"嗯，观察得真好。"我适时地给了一点鼓励。

经过短暂的思考之后，两个孩子给出了这样的解释：去括号之后，应该是先用 288 除以 36，算式变成了 $288 \div 36$，后面再乘 7，这是因为题目中要 288 除以的是 $36 \div 7$ 的商，也就是要除以一个比 36 小的数字，我们现在用 288 直接除以 36，很显然，比要求除以的 $36 \div 7$ 的商大了，所以，要"找"回来，就是要再乘 7，这样算式就变成了：

$$288 \div 36 \times 7 \qquad\qquad (2\text{-}17)$$

"嗯，真不错。"我赶紧给予鼓励。

为了检验他们对这个问题是否真的理解清楚了，我又变化了一下题目，看看孩子们触类旁通的能力。

我提出建议："我们再练习两道题目吧。"

两个孩子好像是两根刚刚被点燃的小蜡烛，感觉很兴奋，也非常愿意展示一下自己刚学到的新本事。

我给他们出了下面两道题目：

$$324 \times (15 \div 9) \qquad (2-18)$$
$$221 \times (12 \div 17) \qquad (2-19)$$

两个孩子拿出练习本，很快都在练习本上给出了正确的答案：

$$324 \times (15 \div 9) \qquad (2-20)$$
$$=324 \times 15 \div 9$$
$$=324 \div 9 \times 15$$
$$=36 \times 15$$
$$=540$$
$$221 \times (12 \div 17) \qquad (2-21)$$
$$=221 \times 12 \div 17$$
$$=221 \div 17 \times 12$$
$$=13 \times 12$$
$$=156$$

看着两个孩子的练习本，我点点头，告诉他们："你们非常棒！"

他们都知道我从来都是不只注重解题结果，更注重解题的过程，所以，讲题更重要。可能是还处于新鲜期，两个人都争着要讲，明明说这次他要先讲，小刘哥同意了。两个孩子有自己的相处方式，虽然都喜欢展示自己的本领，但有时也会适当收敛一下自己的锋芒。

明明给出的解题过程是这样的：

"324 乘 15 与 9 的商，需要先算括号里面的算式 15÷9，但是直接用 15 除以 9 是除不尽的，所以，需要先去括号，324 先乘 15，算式是 324×15。去括号之后 9 前面应该是除号，这是因为 324 要乘的是 15 与 9 的商，是一个小于 15 的数，现在却乘了 15，所以乘多了，把倍数扩大多了，用除法就可以使倍数缩小回去，这样算式就变成了 324×15÷9，再交换一下位置，算式就变成了 324÷9×15，这样就能计算出结果了，最终结果就是 540。"

下面轮到小刘哥演示他的题目了：

"221 乘 12 与 17 的商，需要先计算括号里面的算式 12÷17，但是直接用 12 除以 17 是没有办法除尽的，所以，先要去括号，221 先乘 12，算式是 221×12。去括号之后 17 前面应该是除号，因为 221 要乘的是 12 与 17 的商，是一个小于 12 的数，现在却乘了 12，所以乘多了，扩大的倍数多了，要用除法把结果变小，把乘多了的倍数缩小回去，这样算式就变成了 221×12÷17，再交换一下位置，算式就变成了 221÷17×12，这样就能计算出结果了，结果就是 156。"

"讲得真的是相当明白了，你们真是棒极了！"我激动地夸奖道。我决定再接再厉，再出一道综合的问题。

这次我要给他们出一道加减乘除都包括的四则运算题。"我们再来挑战一道真正的四则运算题，怎么样？"我问。我很少端起老师的架子，而是以学长或者好朋友的方式和他们相处，提问都会事先征得两个孩子的同意。孩子们正在兴头上，不假思索地同意了。

我在纸上写了这样一道算式：

$$312+216÷（9×4）-（214-88） \qquad （2-22）$$

两个孩子在自己的练习本上，很快就写出了答案。

$$312+216÷（9×4）-（214-88） \qquad （2-23）$$
$$=312+216÷9÷4-214+88$$
$$=312+6-214+88$$

2.2　除法为什么从高位算起？

　　在明明四年级上学期的时候，有一天我下班早，就到学校接他回家。在等孩子的时候，一个平时聊过天的孩子妈妈跟我说起她孩子最近的学习情况。

　　"最近孩子开始学习除法竖式了。孩子算竖式的时候，分不清是从个位开始算还是从最高位开始算。我给孩子讲了讲，除法要从最高位算起，要记住这个。孩子现在已经记住了，应该是没问题了。我们家长还真需要经常关注孩子的学习呢。"她跟我说了这样一大段话。这还真是有点说者无心，听者有意。我不太赞同这样的教授方法，心里想：数学是讲究活学活用的，怎么可以靠记忆去学习呢？我们应该是先理解才对呀！只有理解才能学好呀！

　　说实在的，在这之前，我确实没有琢磨过，为什么除法要从最高位算起。现在，有孩子居然会从低位算起，是什么样的原因让孩子有这样的想法呢？在接下来的几天里，在上下班的路上这个相对闲暇的时间段里，我就一直在琢磨这个问题。功夫不负有心人！我想我应该是猜到了这个问题的答案：孩子们先学习了加、减、乘这三种运算，这三种运算都是从低位（个位）算起，所以，孩子们根据以往的经验，以为除法也应该从低位算起。有这样想法的孩子应该是自觉地进行了学习的知识"迁移"了，但是，在知识迁移的过程中，没有进行正确的理解和分析，所以出现了知识迁移的偏差。除法是可以从个位算起的，这是由除法的性质所决定的，而科学家采用从高位算起也是有他们的理由的。想到这里，我就有了一个小计划。这个周末，我要和明明、小刘哥一起尝试一下除法如何从低位算起和如何从高位算起。

那天上课，我问了小刘哥和明明："你们会不会算加减乘除法？"

小刘哥和明明特别不屑地回答："谁不会呀！"

我说："那好，你们举个例子告诉我具体是怎么算的。"

小刘哥先说："18+28=46，80−26=54，5×12=60，39÷3=13……"

明明也不甘示弱，马上补充说："98+37=135，120−34=86，17×5=85，42÷3=14……"

小孩子从来都是特别喜欢争强好胜的，如果可能，绝对不会让别人把自己比下去。我赶紧叫了暂停，接着说："我不是让你们比谁算得又快又对，我是想让你们给我讲讲这加减乘除都是怎么算出来的。你们就把我当成一个不会做加减乘除的小孩子，看看谁能给我把加减乘除讲清楚，要讲明白每一个细节。"

刚才没有抢到第一个回答问题的明明赶紧说："我先说。"接着，他给我和小刘哥讲了加法是如何计算的。

"加法运算 36 加 45，先用个位上的 6 加 5 得 11，这样和的个位是 1，向十位进 1，十位上是 3 加 4 加 1（进位的 1）得 8，所以 36 加 45 等于 81。"

明明还给我们列了一个竖式，就是下面这样：

$$
\begin{array}{r}
3\ 6 \\
+4_1\ 5 \\
\hline
8\ 1
\end{array}
$$

（2-24）

小刘哥接着举了一个减法的例子，93−18。他说："先用个位上的 3 减个位上的 8，不够减，就需要从十位上借个 1，到了个位，这个'1'就变成了'10'，这样加上个位上原来的 3，个位上就变成了'13'，个位上 13 减 8 得 5，这样，个位上的数字就等于 5。刚才十位上被个位借走了 1，这样十位上的'9'就变成了'8'，十位上是 8 减 1 得 7。所以，最后的结果是 75。"

$$
\begin{array}{r}
9^1\ 3 \\
-1\ \ 8 \\
\hline
7\ \ 5
\end{array}
$$

（2−25）

接着，我又请他们两个一起举了一个乘法的例子。他们举出的例子是 35×28，先用 35 与乘数个位上的数字 8 相乘，等于 280，接着再用 35 与乘数十位上的数字 2 相乘，实际上是与 20 相乘，所以等于 700，这样两个数一相加，就是 700 加 280 等于 980，列成竖式就是：

$$
\begin{array}{r}
3\ \ 5 \\
\times 2\ \ 8 \\
\hline
2\ \ 8^4\ 0 \\
7^1\ 0\ \ \ \\
\hline
9\ \ 8\ \ 0
\end{array}
$$

（2−26）

接着，我说："我们都知道，四则运算里面，加减乘运算都是从低位上算起，然后向高位进位或从高位借位来进行计算。我想问一问，你们会算除法吗？除法又是怎样进行运算的呢？"

接着，我给他们出了一道除法算式，132÷6。他们两个赶紧抢着说："13 先除以 6 等于 2 还余 1，这里面的 2 就是商十位上的 2，余下的 1，实际上是 10，1×10+2 等于 12，12 再除以 6 等于 2，这里面的 2 就是商个位上的 2。"列成竖式就是这样的：

$$
\begin{array}{r}
2\ 2 \\
6\,{\overline{\smash{\big)}\,1\ 3\ 2}} \\
\underline{1\ 2} \\
1\ 2 \\
\underline{1\ 2} \\
0
\end{array}
$$

（2-27）

我说："你们说得很好！但是，你们有没有想过，你们为什么要从高位开始计算呢？我们前面做的加减乘不都是从低位算起的吗？"

小刘哥和明明在仔细思考，我提示他们："我们现在要计算的是除法，那么，除法是表示什么意思呢？"

"除法是表示平均分。"两个孩子一边思考一边说。

"那你们想想，我们可以怎么平均分呢？"我提示道。"如果拿来一筐苹果，要平均分给大家，一般会怎么平均分给大家呢？你们想想，我们有几种方法平均分给大家呢？"我接着提出问题。

"我们可以先给每个人分一个，第一轮分完之后，再分第二轮，每个人再分一个……一直到分完，数一数每个人有多少个苹果就行了。"明明小心地说。能看得出来，他暂时还不能把除法算式为什么从高位除起和除法的意义这两个问题准确地联系起来。

"我们也可以把苹果都拿出来，数数一共有多少个，然后除以总人数，得到的数就是每个人应该分的苹果数。"小刘哥大声地说。小刘哥对自己会的问题从来都是很自信的。

我高兴地说："对呀，对呀！你们说得都对，但是，我这里还有第三种方法，就是，我数完苹果后发现苹果有很多，每个人一次能分10个，那是不是可以一次给每个人分10个呀？然后再给每个人分10个，再给每个人分10个……直到不能再分10个了，我们就改成一次给每个人分1个……直到分完所有的苹果。"

"再把每个人分的苹果数加起来，这样就是每个人分的苹果数量了。"

他们两个一起抢着说。

"你们真是太棒了！"我高兴地说。"那么，我们就把每一种方法都试试看，怎样分最好，怎么样？"我建议道。两个孩子都兴奋地点头同意。

"我们还是用刚才那个算式，132 个苹果平均分给 6 个人，怎么样？"我建议。

"同意。"他们异口同声地回答。

我们开始尝试第一种分苹果的方法。

我们先从 132 个苹果中拿出 6 个苹果平均分给 6 个人，这样就给每个人分了 1 个，这时候剩下 126 个苹果。我在纸上画出了图 2-5 中的示意图，两个孩子一边看一边还帮我数着，生怕我写错。

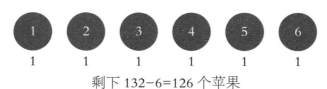

剩下 132-6=126 个苹果

图 2-5　分苹果 1

我们再从剩下的 126 个苹果中拿出 6 个，再给每个人分 1 个，现在每个人分到了 2 个苹果，剩下 120 个苹果。我在纸上画出了图 2-6 中的示意图。

剩下 126-6=120 个苹果

图 2-6　分苹果 2

接下来，我们又从剩下 120 个苹果中拿出 6 个，给每个人分 1 个，现在每个人就得到 3 个苹果了，剩下 114 个苹果。我在纸上画出了图 2-7 中的示意图。

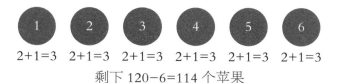

剩下 120−6=114 个苹果

图 2-7　分苹果 3

……

一直分到最后，剩下 6 个苹果，刚好分给每个人 1 个，这时候就是每个人分到 22 个苹果。我在纸上画出了图 2-8 中的示意图。

剩下 6−6=0 个苹果

图 2-8　分苹果 4

所以，132 个苹果平均分给 6 个人，每个人分到 22 个苹果，也就是 132÷6=22。

我们接着尝试第二种分苹果的方法。

按照小刘哥的建议，我们把苹果都数出来，这样就是 132 个苹果，直接做除法，这样就是 132÷6=22 个，这样每个人就分到了 22 个苹果。

最后我们尝试第三种分苹果的方法。

我们把 132 个苹果，10 个堆成一堆，有 13 堆还剩下 2 个，先从 13 堆中取出 6 堆，每人就分 1 堆，也就是每个人分到 10 个苹果，剩下 7 堆和 2 个苹果。小刘哥和明明赶紧记录，如图 2-9 所示。

剩下 7 堆苹果 +2 个苹果

图 2-9　分苹果 5

我们接着从剩下的 7 堆苹果中拿出 6 堆，给每个人分 1 堆，也就是每

个人再分 10 个苹果，现在每个人就分到 20 个苹果，剩下 1 堆苹果和 2 个
苹果。我在纸上画出了图 2-10 中的示意图。

10+10=20 10+10=20 10+10=20 10+10=20 10+10=20 10+10=20

剩下 1 堆苹果 +2 个苹果

图 2-10　分苹果 6

现在只剩下 1 堆苹果了，不能再按"堆"给大家分了。我们就把剩下 1
堆苹果加上 2 个苹果放在一起，也就是 12 个苹果，现在每个人每次只能分
到 1 个，刚好能分两次，也就是每个人分到 2 个，加上之前每个人分到的
那 20 个苹果，就是每个人分到 22 个苹果。我在纸上画出了图 2-11 中的示
意图。

20+2=22 20+2=22 20+2=22 20+2=22 20+2=22 20+2=22

剩下 0 个苹果

图 2-11　分苹果 7

所以，也可以算出 $132 \div 6 = 22$。

把三种算法都演示完成后，我让小刘哥和明明说说这三种方法都有什
么特点。

他们想了想告诉我："第一种方法是把苹果一个一个地分给大家，第二
种方法其实就是除法的运算，第三种方法是把苹果分组，然后一组一组地
分给大家。"

为了能把除法算式应该从高位算起还是从低位算起跟上面我们所举的
例子联系起来，我又提醒道："一个一个地分相当于我们在除法中从低位算
起还是从高位算起？"他们想了想，告诉我是从低位算起。

"那么，第三种，我们是分成一组一组的，每组是 10 个，这个属于
从……"

"这个属于从高位算起。"我的话还没有说完，两个孩子就抢着说。

"那么，其实，除法既可以从高位算起，也可以从低位算起，对吗？"我问。

"是的。"他们回答我。

"那么，为什么我们在计算除法的时候普遍从高位算起呢？"我问。

"想一想科学家在处理问题的时候都喜欢怎样呢？"我又提醒道。

"哦，简单，从高位算起要比从低位算起简单，算式要短很多。"两个孩子抢着回答我。

"哈哈，你们真聪明。"我笑着夸奖道。

"其实，第二种分法是不是可以归为其中一种分法？"我问。

"是的，它跟第三种分法其实是一样的，都是从高位分起。而且，要是不会除法竖式，还算不出第二种方法的结果呢。"两个孩子充分又准确地给出了解释。

看到两个孩子理解得这么清楚和透彻，我们今天这一个多小时的时间真是"浪费"得值了。

从数学本质上去理解问题，让孩子们自己尝试找出问题的缘由，应该是他们比较喜欢的学习方式，也会让他们对知识理解得比较深入和透彻。也正因为对知识的深入理解，才能让知识在孩子们身上内化，与他们的身体相融。

2.3 周长是什么？面积是什么？

　　周长是什么？面积又是什么？我们成年人，虽然不一定能给出它们的准确定义，却能很容易地理解它们，这应该是因为在我们生活中随处可见周长和面积的各种应用例子。

　　先说一说周长吧！如果喜欢跑步，我们绕着操场跑一圈的长度就是操场跑道的**周长**。我们买裤子时，通常需要知道腰围是多少，这个腰围就是"腰"的**周长**。在公园里面围一个花栏，我们要先知道这个花栏一周的长度，然后才能根据这个长度去准备相应的材料。

　　对于面积这一概念，在日常生活中，我们也有不少的接触。比如，我们在谈论家里的房子有多大的时候，经常会说，我们家的房子是多少平米。这个多少平米就是指多少平方米，是一个面积的单位。又如，我们装修房子时想要铺瓷砖，就需要算算买多少平方米的瓷砖。在日常生活和工作中，我们成年人经常会不经意地接触和使用周长和面积这两个概念，如果有人跟我们提起"周长"和"面积"，我们自然而然地会联想到日常生活和工作中遇到的这些相关情景，很容易理解和区分这两个概念，从而潜意识觉得：它们就是常识，根本不需要多余的解释和说明。

　　对于"周长"和"面积"这样的概念，小学生容易理解吗？根据我对明明和小刘哥的观察，并结合身边一些宝妈们的讲述，我认为：刚开始学习"周长"和"面积"的时候，小学生是不容易准确理解和区分这两个概念的。

　　我分析了一下，主要是小学生的生活经验或经历较少、认知有限，从而造成他们对"周长"和"面积"的概念理解得不深入、不透彻。就算他们记住了"周长"和"面积"的概念，也知道了现实生活中那些有关"周长"和"面积"的实例，但是，当看到"周长"和"面积"这两个词语的时候，他们还是无法很好地把这两个词语所对应的概念和真实世界中相关的事物准确无误地联系起来。这样一来，我们也就不会奇怪经常看到这样的现象：试题上清楚无误地写的是求面积，孩子们却当成周长计算了；试题上写的是求周长，孩子们却当成面积计算了。有些家长会以为这是因为孩子们一时马虎，看错了题目，但实际上，这应该是孩子们对概念理解得不够清楚和准确，没有把概念和实际事物很好地联系在一起，就直接套用了数学中的公式。问题是孩子们的脑子里已经"记录"了各种各样的公式，这次只是把周长和面积的公式记混了，从而导致做错了题目。

　　当初，小刘哥和明明在学习"周长"和"面积"的时候，也出现了上述问题。我发现他们在计算"周长"或"面积"的时候，有时候会"看"错题目，但是稍微一提醒，他们就马上明白自己把"周长"当作"面积"来计算了或者是把"面积"当作"周长"来计算了，还能立刻改正过来（马上能改的原因是孩子们觉得"周长"和"面积"比较相似，如果理解成"周长"错了，那么理解成"面积"肯定就对了。反之亦然，这应该不是孩子真的把问题理解清楚了）。刚开始的时候，我也以为是孩子们不认真，但一次一次的"不认真"，就引起了我的怀疑：这应该不是认真或不认真的问题。我决定试一试，了解一下他们是否真正理解清楚了什么是"周长"和"面积"。

　　有一天，在上课之前，我试着问他们两个："什么是周长？"

　　"一个封闭图形一周的长度。"两个孩子一起回答。

　　"那么，该怎么计算一个图形的周长呢？"我接着问。

　　"长加宽的和再乘2。"两个孩子几乎想都没想就脱口而出。

　　问题应该相对明显了，两个孩子应该没有把"一个封闭图形一周的长度"和"长加宽的和再乘2"的因果关系搞清楚。也可以这样说，他们并没有弄清楚"周长是一个封闭图形一周的长度"这句话的真正含义。想到这里，我决定把周长这个概念给他们讲清楚，这样做不仅有利于他们对这个问题的理解，也有利于他们以后的学习。我再一次问他们两个："什么是周长？"

"周长是一个封闭图形一周的长度。"他们两个在回答这个问题的时候好像有了一点警觉，互相看了看，又看了看我。因为相同的问题，我又问了一遍，他们有点怀疑自己的回答是不是有错误。

我接着说："那好吧。我们试着算算一个图形的周长，怎么样？"

小刘哥和明明都回答："行。"

我在纸上画了如图 2-12 所示的图形，并标记出了相应的尺寸，其中，单位是厘米，下文用 cm 表示。

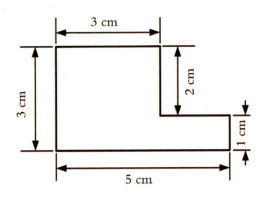

图 2-12　算周长 1

两个孩子仔细看了看这张图，然后又抬头看了看我。我能感觉出他们可能是有点懵，好像是在告诉我：求这个图形的周长，我们以前也没学过呀！

我猜出了他们的小心思，就提示性地对他们说："你们刚才跟我说，周长是什么来的呢？"

"一个封闭图形一周的长度。"他们一边嘟囔着这句他们已经很熟悉的话，一边看着我已经画出的图形，两个小脑瓜在飞速地运转着。过了几分钟，好像是哥伦布"发现"了新大陆，他们几乎同时说出口："我知道该怎么做了。"

于是，他们在自己的练习本上，迅速地写下了下列算式：

$$3+3+2+1+5 \tag{2-28}$$

接着，他们又摸着自己的小脑袋，忽然又补上了+2，这样算式就变成了：

$$3+3+2+1+5+2=16（cm） \tag{2-29}$$

接着，两个孩子又是一阵狂喜，争着要给我讲他们的思路。小孩子就是这样，这样一件小小的事情可以让他们高兴得手舞足蹈，当然，另外一件小小的事情也可能让他们从兴高采烈突然变成垂头丧气。我赶忙让他们平复下来，按照惯例让他们通过猜拳来决定谁得到这次讲题的机会。小刘哥幸运地获得了这次机会，就开始开开心心地讲解："我们把这个图形的每条边上的线段加起来就是这个图形的周长。"

说着，他就把每条线段的长度标在这张图上，如图2-13所示，然后写下了下列算式：

$$3+3+2+1+5+2=16（cm） \tag{2-30}$$

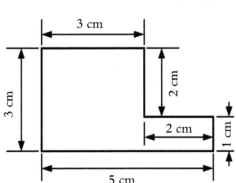

图2-13 算周长2

我拍了拍小刘哥的肩膀，算作鼓励，又补充说："不错呀！孺子可教。"

为了检验他们对知识理解的程度，我接着问："如果有一个长方形的木栅栏，现在我想求它的周长是多少，该怎么算呢？"

两个孩子稍微停顿了那么几秒，马上就想出了办法。明明说："这次该轮到我了，我觉得我们可以量出每条边的长度，然后把它们加起来。"

"非常好！简直太棒了！"妈妈当然应该毫不吝啬夸奖自己的孩子。为了让他们对这个"周长"的计算方法有更为深刻的理解，我想通过讲个小故事来引起他们的兴趣，并加深他们对知识的理解。这是我在教学中常用的方法。

"你们两个做得都非常好！现在，我想给你们讲一个小故事，关于几百年前的科学家是如何测量地球周长的，怎么样？"

小哥俩马上同意。他们两个都喜欢听科学家的故事，因为在他们幼小的心里一直有一个做科学家的梦想。

"在300多年前，有一位英国科学家叫理查德·诺伍德（Richard Norwood），他想要知道地球的周长是多少，那个时候科技还不怎么发达，也没什么特别好的办法，他就用了一个最基本也是最原始的方法，你们能猜猜是什么方法吗？"我问道。

"难道是量出来的？"两个孩子十分怀疑他们自己的猜想，瞪着眼睛看着我。

"是的，确实是量出来的。"我笑着先肯定他们的猜想。

"但是，你们觉得这个科学家是直接测量了整个地球一周的长度吗？"我接着问，并在纸上画出了一个圆来代替地球，如图2-14所示。

图2-14 地球的周长

"你们看一看，对于我们人类来说，地球是很大——很大的。"我故意拉长声音又强调了一下。

他们俩看着纸上的圆，忽然像是领悟出了什么，明明先脱口而出："我觉得他不用测量整个圆的周长，测量四分之一的长度，然后再乘4就可以了，因为这4个部分是一样长的。"明明一边说一边把纸上的圆平均分成了4份，描出了其中1份，如图2-15所示。

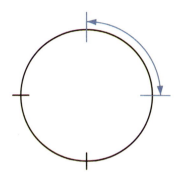

图 2-15　地球周长的 1/4

"嗯。瞧瞧，都快跟以前的科学家有一样的思想了。"我赶紧夸明明一句。明明高兴地仰着小脸。小刘哥看着他那得意的样子，偷偷地笑。

我接着说："其实，科学家当时是把这四分之一的部分又平均分成了 90 份，他就测量其中 1 份的长度，然后再乘 90，再乘 4 就算出了地球的周长。"

"哦——"两个孩子都长舒了一口气。

"但是，就算是这一小份，也有 110 千米呢。那时，他准备了一条 100 米长的铁链子，把铁链子的一头固定在一个地方，然后拖着另一头向北走，直到把铁链子拉直，那么这段距离就是 100 米了。然后再从刚才的终点开始，把前一次的终点当作起点，再做同样的事情。于是，他就这样一百米一百米地拖着铁链子向前走，最后走完了 1 份的长度，把所有这些长度加起来也就知道这 1 份有多长了。再通过适当的计算，地球的周长也就得出来了。"

小刘哥挠了挠他的小脑袋，问："那为什么他要分成 90 份呢？"

我告诉他们："这是因为圆有一个很重要的特征，这个特征使我们可以把四分之一圆平均分成 90 份。等到你们学习了圆，再来告诉我其中的原因，怎么样？"两个孩子都点头同意。我经常跟他们做一些小小的约定，让他们用新知识来解答之前的疑问。

通过这一通讲解和互动，我看孩子们应该对"周长"这个概念以及利用图形的特性来求解"周长"已经有了一定的了解，便决定来考验他们一下。

于是，我手指着开始画的图形，如图 2-12 所示，对他们俩说："我们再回头看看之前那个图形吧，你们能不能观察一下，在求这个图形周长的时候，是不是图形里面所有的条件都是必需的呢？"

两个孩子看着图，思考着，过了那么一小会儿，还是没有反应。我让他们在自己的练习本上把图形画一画，试着描一描，看看有没有什么新发现。突然，明明兴奋地说："这个周长里面有一截的长度是没有告诉我们的，但是，我们可以通过 5-3=2（cm）计算出来。"

他又停顿了一小会儿，挠挠头说："实际上，这个 3 cm 也可以不告诉我们，直接用 5 cm 来代替 3 cm+2 cm，也就是这 2 条线段的和。"他在他的练习本上画着。如图 2-16 所示的 3 条虚线可以用来表示 5 cm 能代替 3 cm+2 cm。

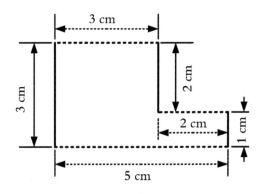

图 2-16　算周长 3

小刘哥盯着明明在图形上画的线，忽然也想到了什么，马上说："其实，这 2 条竖线也是可以不告诉我们的，你们看看，右边的这 2 条竖线的和不就是等于 3 cm 吗，跟左边的竖线一样长。"他在他的图形上一边画一边给我们讲。如图 2-17 所示的 3 条虚线可以用来表示右边的 2 条竖线加起来跟左边的竖线一样长。

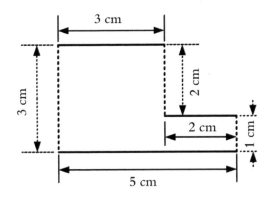

图 2-17　算周长 4

"哈哈！所以说，我们根本不需要那么多的条件，只需要——"我故意放慢了说话的速度。

我的话还没说完，两个孩子就齐声说："长和宽就可以了。"

真是善于思考的好孩子，我向他们竖起了大拇指。

在上课之前，我曾问过两个孩子如何计算一个图形的周长。那时，孩子们不假思索地告诉我：长加宽的和再乘 2。经过上面这一通学习和讨论，我想再试试孩子们对周长概念的理解程度。于是，我问："一个图形的周长如何计算？"

两个孩子齐声说："一个封闭图形一周的长度。"

"那么，长加宽的和再乘 2 又是什么呢？"我故意用他们当初的回答来反问他们。

孩子们马上回答："那是长方形的周长呀！"

"噢，看来你们明白了呀！那么，为什么长方形的周长是长加宽的和再乘 2 呢？"我看他们两个都没动手画，马上催促他们说："画画图，试一试，看一看。"

两个孩子在练习本上画了一个长方形，马上给出了答案：长 + 长 + 宽 + 宽，所以，长方形的周长是长加宽的和再乘 2。"那我们来总结一下吧！"我提议。于是，我跟孩子们一起总结出下面的结论：

一个图形的周长等于它所有边的和。如果一个图形的一些边的长度相同，只需要求出一条这样边的长度，乘这样边的个数，就得出这些边的长度和，再加剩下的边的长度，这样就可以求出一个图形的周长。

例如，如图 2-18 所示的一个等腰三角形，底边长是 5 cm，两腰是 4 cm，那么，周长就是 4×2+5=13（cm）。

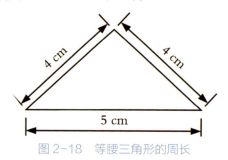

图 2-18　等腰三角形的周长

"面积"是小学低年级数学中几何图形学习中另外一个较为抽象的概念，它表示一个平面图形表面的大小，必须经过计算才能获得。比如，计算一个长方形的面积时，需要用长方形的长乘长方形的宽，才能得到长方形的面积。

在之前的学习中，明明和小刘哥对周长都有了很好地认识和理解，在后来做周长相关的习题时基本不会犯错误，主要原因应该是一提到"周长"，他们就会在头脑中画一个"圈"，那个"圈"就是周长。对于"面积"这个概念，我也想让他们从概念的"本质"出发去准确理解。

这天，我跟小刘哥和明明在讨论"面积"的相关问题。我还是先从之前的"周长"说起，因为我觉得这两个概念总让人感觉有那么一点联系。我说："在很久以前，人们砍了一棵大树，在平均分配木材前，需要量量这棵大树有多粗，你们说说有什么办法可以量这棵树有多粗。"

停顿了几秒，明明抢先说："他们可以用一根绳子绕大树一周，然后再量量这根绳子的长度，就能知道这棵大树有多粗了。"

"那么，这棵大树有多粗，在我们数学中有一个术语，叫作什么来的呢？"我假装皱着眉头想不起来。

"周长。"小刘哥赶紧提醒我。

"嗯。"我微笑地点点头，表示对他们两个刚才的表现比较满意。接下来，我就开始编故事，来给他们讲什么是面积了。"原始人类都生活在山洞里面，后来，山洞里住的人越来越多，大家就商量给每个家庭平均分配一小块地方，这样大家就不会因为占地方多少而争吵了。为了公平，他们找来一片大的树叶，把它裁成了一个方方正正的图形，就用这个图形来测量分给每个家庭的土地的大小。就像这个一样。"说着，如图 2-19 所示，我在纸上画了一个长方形，又在上面画了一个小正方形，比量着用这个小正方形一点一点地挪动，来测量这个图形的面积。

图 2-19　画了一个小正方形

"看看这个图形由几个这样的小正方形组成，那么就当这个图形是几。"我补充说。

我们一起量了图 2-19 中的这个图形，总共由 28 个小正方形组成，这样一来，我们就可以认为这块地方的大小是 28。

"后来，人口越来越多，山洞住不下了，人们也不再生活在山洞里，而是在外面垒起了房子。当初一起住在山洞里的人们就形成了一个部落。人们在生活中需要测量的物品越来越多，比如说一块兽皮的大小呀、一张石板的表面大小呀，或者是家里耕种土地的大小呀。部落的首领就规定了，一个这样的正方形就是一个基本测量单位，大家以后测量东西大小的时候都需要以这样的小正方形为标准。这样做比较公平，不会出现因为测量的标准不一致而争吵，甚至打架。"我用尺子给他们量着画了一个边长是 1 cm 的正方形，并用剪刀剪裁出这个小正方形，然后又画了一个长方形图形，简单示意如图 2-20 所示，补充说："量一量这个平面图形的大小吧。你们也来试试部落里面的人们是如何测量物体表面大小的吧。"

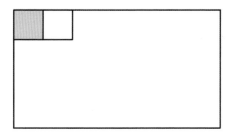

图 2-20　用小正方形量面积

他们量了量，告诉我：大致是 28 个小正方形的大小。我又让他们把测量时小正方形在长方形中"走"过的线路画出来。当然小正方形是有四条边的，我要求他们把小正方形的四条边在这个图形里面印出的印记也画出来，我给他们做了个示范，就是画成这样，如图 2-21 所示。

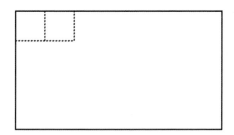

图 2-21　两个小正方形留下的印迹

两个孩子在自己的练习本上画上长方形，然后经过尝试，最后发现每个相邻的两个正方形都有一条共有的边。画好之后就是这样，如图 2-22 所示。

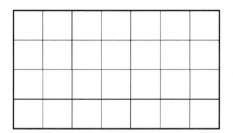

图 2-22　图形的面积 1

他们一数，总共有 28 个小正方形。后来，小刘哥发现，其实直接用 4×7=28，也可以得到 28 个。他解释说："每个横排有 7 个，每个竖排有 4 个，总共就是四七二十八个。"

我又让他们用直尺量了量这个长方形的长和宽。他们量了一量，然后回答："长是 7 厘米，宽是 4 厘米。"

我问："那么长方形的长和宽跟小正方形的个数有什么关系吗？"

因为前面已经让他们画了小正方形移动的轨迹，所以这个问题刚一提出，两个孩子就看出了关系，异口同声地回答道："长乘宽，刚好等于小正方形的个数。"

我接着给他们讲面积的概念："你们都看到了，我们需要这样一个固定了大小的小正方形来测量其他图形表面的大小。为了方便在日常生活中使用'图形表面的大小'，我们还给它起了个名字，叫'面积'。"

"那么，你们知道为什么长方形的面积是长乘宽吗？"我继续追问。

"长乘宽的积刚好等于长方形面积相对于小正方形面积的倍数。"因为有了前面的铺垫，两个孩子很快回答出了这个问题。

为了进一步检验他们对面积概念理解得如何，我又给他们出了下面一道题目："我们继续讲部落里测量物体表面积大小的工作，如果有一个物体的表面是如图 2-23 所示的这个形状，你们知道该怎么去测量这个物体的表面大小吗？"

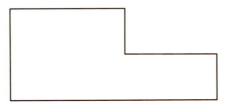

图 2-23　图形的面积 2

小刘哥马上说："我知道。"然后，他抢着把上面的图形分割成如图 2-24 所示的样子，一数，也是 28 个，所以，这个物体的面积也是 28 个面积单位。

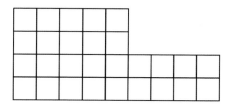

图 2-24 图形的面积 3

我看着小刘哥分割的图形，点点头。

"嗯，挺不错的。"我先表示肯定，接着又问，"如果部落里的居民要分割土地，土地很大，一个面积单位又很小，我们是不是要把土地分割成很多很多的小方格呀？这样分割是不是有点麻烦呢？你们还有没有其他更好的方法呢？"我继续抛出问题。

明明挠着他的小脑袋，像是灵光一闪一样，一本正经地说："我可以先把这个图形分成两个大块，然后再算出这块土地的面积。"他另外画了一个与图 2-23 中一样的图形，并在图形上画了一条分割线，如图 2-25 所示，然后边写边说："左边的这块土地是一个长方形，我们量出它的长和宽，就可以计算出它能分成多少个小正方形了，右边的这块土地也是一个长方形，我们也量出它的长和宽，就可以计算出它能分成多少个小正方形了，这两个面积相加，就能得到整块土地的面积了。"我和小刘哥都用力地点点头，表示非常赞同。

"好了，我们已经明白面积是什么了，让我们来一起总结一下面积的问题吧。"我建议道，于是，我和两个孩子总结出下面的结论。

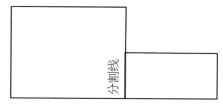

图 2-25 图形的面积 4

面积就是一个图形的表面的大小，它的大小等于它可以分割成的单位正方形（如边长是 1 厘米的正方形）的个数；长方形的面积大小等于长乘宽，这是因为长方形分割成小正方形后，每一行的小正方形个数在数量上等于长方形的长，每一列的小正方形个数在数量上等于长方形的宽；不规则图形尽可能地分割成我们能计算的图形的面积，比如分割成长方形或者正方形。

总结好图形的面积之后，我又开始给小刘哥和明明设置疑问："为了测量不同级别长度的物体，我们会选择不同的长度单位。比如说测量铅笔的长度和测量楼房的高度，我们可以分别选择厘米和米作为长度单位，如果都选择厘米作为长度单位，那么测量出来的楼房高度的数值就太大，如果以米作为长度单位，测量出来的铅笔长度的数值又太小了，所以对不同的物体，我们根据需要选择不同的长度单位。对于图形面积的测量，我们是不是也应该根据需要选择一些不同的面积单位来表示它的大小呢？"

明明说："是呀，我们有平方米、平方分米、平方厘米等。"

我回答他："是的，你说得很对。"

接着，我对着两个孩子说："你们想过没有，我们为什么叫这些单位是平方米、平方分米呢？"

这次孩子们真的被我问住了，两个孩子都低头不语。我见他们两个都不吭声，我又问："那你们知道长方形的面积怎么计算吧？"

两个孩子先点点头，然后回答道："长乘宽。"

我在纸上画了一个长方形，如图2-26所示，并分别给长和宽标上了长度以及长度单位。

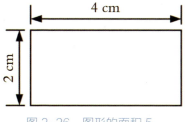

图 2-26　图形的面积 5

然后，我在纸上写下了这个长方形的面积：4 cm × 2 cm=8。我停留了一会儿，然后对着两个正在看我写字的孩子说："你们看，我把长和宽的数字乘到了一起，你们再看一看，单位是不是也应该乘到一起呀，要不等式就不能成立了呀。"

于是，我在算式中 8 的后面写下了 cm×cm，然后对两个孩子说："为了书写简便，我们把 cm×cm 写为 cm^2，表示的意思是两个相同的 cm 相乘。有时，我们也用'平方'来表示两个相同的数相乘，即这个数的平方。"我在纸上写下了 $3×3=3^2$。

"两个相同的单位相乘，我们也写成这个单位的平方，就像这样。"我又在纸上写下了 $cm×cm=cm^2$。

"哦——"两个孩子舒了一口气，如梦方醒。

我又在纸上修改了图 2-26，把长改成了 4 dm（单位分米，下文用 dm 表示），宽改成了 2 dm，如图 2-27 所示，让他们说说看，如何计算面积。明明先抢着说："4 dm×2 dm=8 dm^2。"

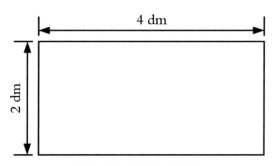

图 2-27　图形的面积 6

"嗯，真不错，学习得真快。"我看了一眼小刘哥，他的眼神告诉我，他也明白结果为什么是这样的。我决定再改变一下长和宽的单位，我把长改成了 4 dm，宽改成了 20 cm。小家伙们立刻明白我的意图，马上把 20 cm 变换成 2 dm，然后算式依然是 4 dm×2 dm=8 dm^2。我笑了笑，示意他们很棒。我问他们："你们为什么没把算式写成 4 dm×20 cm=80 dmcm 呢？"

小刘哥抢先回答："因为没有 dmcm 这样的面积单位。"

我笑了笑，告诉他们："其实写成 dmcm，从理论上讲也是没有错误的。但是，如果各种长度单位相乘都允许，那样的话，面积单位就太多了，很容易造成混乱，为了尽可能地简化，通常约定只允许单位相同的数字相乘，然后就会得到诸如 cm^2、dm^2、m^2 等面积单位了。"

"你们也可以试试，下面这个图形，分别用 cm 和 dm 来计算面积。"我给他们提出了新的要求，如图 2-27 所示。

他们在自己的练习本上分别写着：$40 \times 20 = 800$（cm^2），$4 \times 2 = 8$（dm^2）。

忽然，小刘哥叫了起来："我知道平方厘米和平方分米为什么是 100 进位了。"

我示意他继续说下去，他接着说："你们看，这两个算式都是同一个长方形的面积，所以它们应该是相等的，也就是 $800\ cm^2 = 8\ dm^2$，所以，$100\ cm^2 = 1\ dm^2$。"

"嗯，真不错，能有这么多的联想。看来多动脑筋，好处多呀！"

明明在一旁表示，他也明白了这个道理。于是，我让他们互相出题目，做做面积的单位换算，于是，两个小家伙乐此不疲地互相"刁难"起来……

周长和面积是现实生活中我们经常会用到的物体的两个基本属性。周长指的是一个封闭的平面图形一周的长度。对于求周长，我们的基本思路就是把这个封闭图形一周的长度加起来。总体上它是一个长度值，是可以用刻度尺测量出来的，也就是说，如果我们不计算，用绳子把一个物体一周包围起来，然后测量绳子的长度，也是可以求出周长的。面积是一个平面图形的大小。以长方形为例，它是通过横向和纵向分割出来的单位小方格累加计算得来的，其实也就是长（列数）乘宽（行数）。对于其他复杂的图形，要尽可能地分割成可以计算的图形，再计算。周长是一个长度值，所以，表示周长的单位就是表示长度的单位。面积单位是两个长度单位（需要统一）的乘积，所以面积单位是长度单位的平方。

2.4 $\dfrac{1}{4}$ 与 $\dfrac{1}{2}$ 之间有多少个数？

小学生在三年级的时候第一次接触分数，这一阶段，对分数的初步认识只需要理解分数的意义、掌握同分母分数的加减法以及简单分数的大小比较就可以。这些初步认识是第二阶段学习异分母分数加减法的基础。对一些小学生来说，要准确理解分数的意义是相对较难的。我曾经听说过这样一个故事：一位硕士研究生毕业的妈妈在辅导小学三年级女儿学习同分母分数相加减的时候，出现了一个小尴尬。$\dfrac{1}{2} + \dfrac{1}{2} = ?$ 女儿认为结果是 $\dfrac{2}{4}$，妈妈本来想给女儿讲清楚为什么 $\dfrac{1}{2} + \dfrac{1}{2} = 1$，谁知道，最后女儿却把妈妈说服啦，结果是 $\dfrac{1}{2} + \dfrac{1}{2} = \dfrac{2}{4}$。

当我刚听到这个故事的时候，明明还在上小学二年级，还没有开始学习分数。当时，我记下了这件事情，想着等到明明开始学习分数的时候，我一定要注意，让他把分数的意义理解清楚、透彻。后来，知道明明开始学习分数了，我特意把明明叫过来，问他 $\dfrac{2}{7}$ 是什么意思，明明在纸上画了一张大圆饼，告诉我说，$\dfrac{2}{7}$ 就是把一张大圆饼平均分成 7 份，取其中的 2 份，就像图 2-28 中表示的样子。

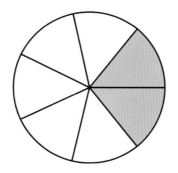

图 2-28　7 份中的 2 份

我又提问他：$\frac{2}{7}$ 加 $\frac{3}{7}$ 等于多少？他接着在上面那张大圆饼上又涂了三块，并告诉我，一张大圆饼平均分成 7 份，从其中取 2 份之后，再取走 3 份，所以是取走了 $\frac{5}{7}$，如图 2-29 所示。

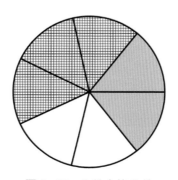

图 2-29　7 份中的 5 份

为了确认明明对分数的意义理解是否透彻，我又给他出了一道异分母分数相加的问题：$\frac{2}{7}$ 加 $\frac{1}{5}$ 等于多少？怕他理解不清楚，我特意让他通过画图来试一试。他自己画了一张图，想把 $\frac{1}{5}$ 加进去，但是，发现还是没有好办法加进去，因为 $\frac{1}{5}$ 的大小和 $\frac{1}{7}$ 的大小不一样，如图 2-30 所示，暂时没有办法在一张图上表示出来。那时，我想：明明刚刚学习分数，能理解成这样，也算可以啦。等以后学习深入时，根据孩子的理解情况，我看需要再做相应的教学引导。

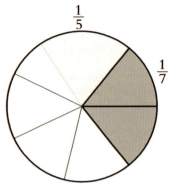

图 2-30　$\frac{1}{5}$ 和 $\frac{1}{7}$ 大小不同

　　小刘哥那边在刚开始学习分数的时候，也没有出现理解困难或者理解偏差的情况。所以，对于分数初步认识阶段的学习内容，我当时就没有再给他们过多讲解。

　　时间过得很快，转眼到了期末。有一天明明放学回家，拿回一张小测试的试卷让我签字，我先是查看了他做错的题，其中一道题引起了我的注意，这道题是这样的：

在 $\frac{1}{4}$ 到 $\frac{1}{2}$ 之间有多少个数字（　　　　）。

A. 0 个　　　　　　B. 1 个　　　　　　C. 2 个　　　　　　D. 无数个

　　明明的答案是 B。显然，明明的答案是错误的。"明明，这道题，你知道该怎么做吗？"我一边指着上面这道题，一边问明明。

　　明明回答说："知道呀，老师都给我们讲过了。"

　　我很想知道明明是不是真的理解了这道题，就跟他说："你给妈妈讲一讲这道题，好不好？"

　　"好呀。"明明很爽快地就答应了。明明拿来一张纸，在纸上画了一个数轴，在上面标上了 0、$\frac{1}{4}$、$\frac{1}{2}$ 和 1，如图 2-31 所示，然后告诉我 $\frac{1}{4}$ 和 $\frac{1}{2}$ 之间就有无数个数。

图 2-31 数轴

我看了看他画的数轴，接着问道："为什么 $\frac{1}{4}$ 和 $\frac{1}{2}$ 之间有无数个数呀？"明明在那支支吾吾半天，也没有说出所以然来，最后只能扔出这样一句话："反正 $\frac{1}{4}$ 和 $\frac{1}{2}$ 之间就有无数个数。"很显然，明明没有明白这个问题。

于是，我跟明明说："能不能画张图，把 $\frac{1}{4}$ 和 $\frac{1}{2}$ 都表示出来呢？"

明明点了点头，画出了如图 2-32 所示的这张图。

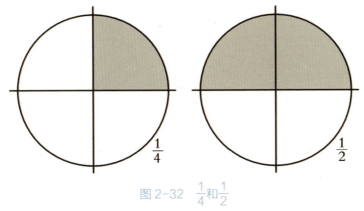

图 2-32 $\frac{1}{4}$ 和 $\frac{1}{2}$

我又请他把 $\frac{1}{4}$ 和 $\frac{1}{2}$ 表示在一个圆里面。于是，他又画了如图 2-33 所示的这样一张图。

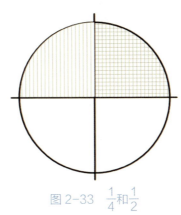

图 2-33 $\frac{1}{4}$ 和 $\frac{1}{2}$

我再次请他给我讲一讲这张图的意思。他指着标有竖线的部分（图 2-33 中 2 个四分之一的部分）告诉我，这是 $\frac{1}{2}$，表示把一张大圆饼平均分成 2 份，取其中的 1 份。他又指着标有格子图形的部分说，这是 $\frac{1}{4}$，表示把一张大圆饼平均分成 4 份，取其中的 1 份。

我指着饼形图中的一条线，如图 2-34 所示的分割线，说："你能把这条线作为一条分割线，分别画一个 $\frac{1}{3}$ 和一个 $\frac{2}{5}$ 吗？"

明明点点头，如图 2-34 所示，分别画出了 $\frac{1}{3}$ 和 $\frac{2}{5}$。

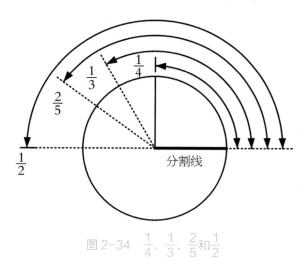

图 2-34　$\frac{1}{4}$、$\frac{1}{3}$、$\frac{2}{5}$ 和 $\frac{1}{2}$

我补充说："你能再试着画一画 $\frac{3}{7}$ 和 $\frac{4}{9}$ 吗？"

明明想了想，又在图 2-34 的基础上描上了 $\frac{3}{7}$ 和 $\frac{4}{9}$，如图 2-35 所示。他看着自己描出的 $\frac{1}{4}$、$\frac{1}{3}$、$\frac{2}{5}$、$\frac{3}{7}$、$\frac{4}{9}$ 以及在分割线上的 $\frac{1}{2}$。

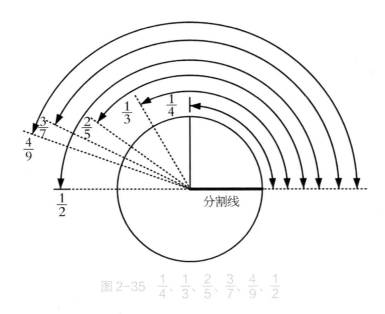

图 2-35　$\frac{1}{4}$、$\frac{1}{3}$、$\frac{2}{5}$、$\frac{3}{7}$、$\frac{4}{9}$、$\frac{1}{2}$

我提醒道："你想一想，你刚才在图上表示的每个分数，都能在 $\frac{1}{4}$ 到 $\frac{1}{2}$ 之间找到什么呢？"

"就是多画了一条线。噢，我知道了，$\frac{1}{4}$ 到 $\frac{1}{2}$ 有无数个数，这是因为在这部分空间里可以画出无数条线。"明明在说后面半句话的时候，语速加快了很多，也夹杂着一些兴奋。我知道，他应该是明白了其中的道理。

周末上数学课的时候，我又把相同的问题抛给了小刘哥，他也像明明一样给我画了一个数轴，把老师上课时讲的内容重复了一下。在明明身上发生的剧情几乎是一模一样地在小刘哥身上又重演了一遍。唯一不同的是这一次角色多了一个明明，他在剧中抢了一些我的戏份。

对于同一个问题，孩子们的理解能力会有所不同，用同样的方式给孩子们讲解习题，有的孩子可能会理解得比较好，有的孩子可能会理解得差一些。我们需要努力做的是根据孩子们的认知水平、学习能力以及自身其他情况的不同，选择适合孩子们特点的讲解方法来做针对性的教学，发挥孩子们的长处，激发孩子们学习的兴趣，以便他们更好地掌握相应的知识。比如，对于用数轴来表现相应的数，明明和小刘哥都不能理解得很透彻，而用他们最先认识分数的方式——分大饼的方式去讲解题目，他们两个会相对容易接受。我能做的事情是针对这两个孩子的特点来实践因材施教。

数学上有很多概念并不是一次就能够理解透彻的。比如说分数问题，在孩子们刚开始接触分数的时候，他们对于分数的理解就是把一张大圆饼平均分成 n 份，从其中取出 m 份，写成 $\frac{m}{n}$。但是，随着时间的推移、学习的深入，有限小数出现了，再后来，无限小数也出现了，那么问题就来了，小数与分数之间有关系吗？如果有，小数与分数是一种什么样的关系呢？其实，要弄清楚这个问题，需要先弄清楚分数的本质——除法。

小刘哥和明明对分数的认识一直停留在"分大饼"的阶段，没有与其他知识产生知识迁移。学习了小数知识之后，他们更愿意把小数与整数扯上关系，而不愿意把小数与跟它们关系更密切的分数联系起来。想想他们这样做也没有错，整数是小数扩大了 10 倍、100 倍、1000 倍……之后得到的数字。其实，对小哥俩来说，他们愿意把小数和整数联系起来，更重要的原因是，小数跟整数一样都采用十进制，这是他们最熟悉的进制方式，甚至他们曾经以为十进制就是世界上唯一的进制形式。每次他们做题的时候，如果遇到计算结果不能整除的情况，他们都喜欢用小数表示，于是，就出现了很多下面的算式：

$$10 \div 3 = 3.\dot{3} \qquad\qquad (2\text{-}31)$$
$$300 \div 11 = 27.\dot{2}\dot{7} \qquad\qquad (2\text{-}32)$$

玲玲去买铅笔，铅笔的价格是 2 元 3 支，问玲玲拿 10 元钱，买了多少支？

$$10 \div (2 \div 3) = 10 \div 0.667 = 14.9925 \approx 15 (支) \qquad (2\text{-}33)$$

如果说前面两道题勉强可以算通过的话，第三道题可就做得既费力又不讨好了。孩子们之所以这么做，主要还是因为他们对分数，这个既是一个数，又是一种运算的数学表现形式，理解得不够透彻，"甘愿"自讨苦吃。

为了能让他们把"分数"理解得更加清楚，真正运用起来，我觉得还是有必要多花点时间，跟他们一起讨论和分析一下分数的实际意义以及分数与其他数学概念的关系。

在给小哥俩讲解分数问题之前，我还是照旧，先提出问题。我问："能跟我说一说什么是 $\frac{1}{3}$ 吗？"

明明马上回答："就是把一张大圆饼平均分成 3 份，从中取 1 份。"

我一边听着明明的回答，一边在纸上画了一张大圆饼，并画出了三分之一，如图 2-36 所示。

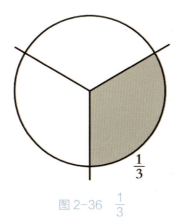

图 2-36 $\frac{1}{3}$

"$\frac{1}{3}$ 除了'把一张大圆饼平均分成 3 份，从中取 1 份'之外，想一想，如果我让你们把一张大圆饼平均分给 3 个人，你们该怎么做呢？或者说你们怎么用数学表达式来表示呢？"

"$1 \div 3$ 呀。"小刘哥小声地嘟哝着。

为了增强他们的信心，我接着问："如果要你们把三张大圆饼平均分给 3 个人，你们该怎么分呀？"

"$3 \div 3$ 呀。"小刘哥和明明一起大声地回答。

"那么一张大圆饼平均分给 3 个人呢？"我再次重复刚才的问题。

"$1 \div 3$ 呀。"这一次是小哥俩自信地大声回答。

我微笑地点了点头。"那 $1 \div 3$ 等于什么呀？"我继续追问。

两个孩子盯着我在纸上写的 $1 \div 3$，没有吱声。我想：他们心里此刻一定在想，写成 $0.\dot{3}$ 可能不对。看着他们小哥俩犹豫不决的样子，我又提醒他们去看一看刚才画的图，我用笔尖绕着整个圆画了一圈，并且在每个 $\frac{1}{3}$ 的部分分别点了一下，嘴里说着："把一张大圆饼平均分给 3 个人得到的，用数学表达式就是 $1 \div 3$，所以……"

小哥俩终于想明白了，异口同声地回答是 $\frac{1}{3}$，也就是 $1 \div 3 = \frac{1}{3}$。

我指着 $1 \div 3 = \frac{1}{3}$ 这个算式跟小哥俩说："$\frac{1}{3}$ 这个分数的分数线代表除法，同时，$\frac{1}{3}$ 本身还是一个数，我们用小数（无限小数会给进一步的计算带来一些麻烦）很难方便又清楚准确地表达这个 $\frac{1}{3}$，所以，很多时候，在计算中我们都需要用分数来表示计算结果。"

说到这里，小刘哥和明明马上想起来他们之前做过的一些题目。他们告诉我之前遇到除不尽的情况，比如

$$12 \div 7 = 1.7\overline{142857} \tag{2-34}$$

这个算式的结果是个循环小数，循环部分（142857）的数字比较多，他们不知道该怎么处理好。如果全都保留的话，小数的位数太长了；如果不全部保留的话，又不知道该保留到几位。现在好了，可以直接用分数来表示，这样既准确又简单。接着，小哥俩又热火朝天地讨论了一会儿如何使用分数。

趁着两个孩子的兴致正浓，我又给他们出了一道题目。我说："你们两个拿出各自的练习本，在纸上画一画，试试表示一下 $\frac{3}{7}$，怎么样？"

小哥俩马上在纸上画了一个圆，把整个圆平均分成了 7 份，并且把其中的 3 份都涂上了色，然后告诉我这就是 $\frac{3}{7}$，如图 2-37 所示。我看了一下，觉得都画得挺好。

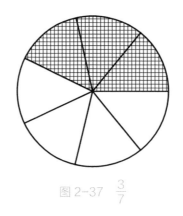

图 2-37 $\dfrac{3}{7}$

"你们能把 $\dfrac{3}{7}$ 用数学表达式来表示吗？"我问。

明明说："把 3 张大圆饼平均分给 7 个人，也就是 $3 \div 7 = \dfrac{3}{7}$。"

我点一点头，让他们两个人用饼形图来表示把 3 张大圆饼平均分给 7 个人。于是，他们两个在各自的练习本上画下了如图 2-38 所示的这张图。

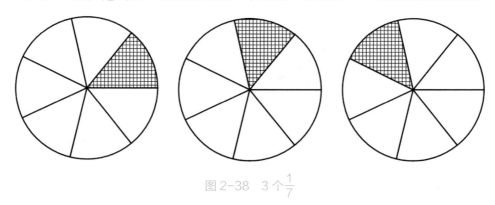

图 2-38 3 个 $\dfrac{1}{7}$

他们仔细查看了一下，小刘哥先开口说："这是 3 个 $\dfrac{1}{7}$，其实也是 $\dfrac{3}{7}$。"

"所以，$3 \div 7 = \dfrac{3}{7}$。"明明生怕落后，马上就抢着补充。

"真不错。这样一来，除法就跟分数紧密地联系在一起了。分子就相当于被除数，分母就相当于除数，商就是分数的值。"我总结道。

对于分数的分母是除数这一点，我想再做进一步的说明，就问："你们想想看，如果我想把每个人分到的 $\frac{3}{7}$ 张饼，再平均分给 5 个人，该怎么办？"

小刘哥马上就回答："$\frac{3}{7} \div 5$。"但是，他没有继续说下去，明明也没有接过话茬。

显然，他们又被 $\frac{3}{7} \div 5$ 等于多少给难住了。我建议他们在原图上再画一画，看看是不是能看出点什么秘密。两个孩子在自己的练习本上差不多都描出了类似如图 2-39 所示的样子。

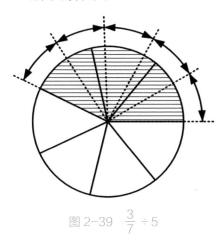

图 2-39 $\frac{3}{7} \div 5$

我看了看他们描出的图形，点点头，表示画得不错。我进一步提出问题："能不能试试用一个数学表达式来表示你们画的图呢？"

过了一小会儿，我看了看明明的练习本，又看了看小刘哥的练习本，不由地心里乐开了花，因为明明的本子上面写着：$\frac{3}{7} \times \frac{1}{5} = \frac{3}{35}$，而小刘哥的本子上面写着：$\frac{3}{7} \div 5 = \frac{3}{35}$。这正是我想要给他们演示的两种表现形式。于是，我说："明明，你先来说说吧。你的表达式是什么意思呢？"

明明回答："我的算式的意思是把 $\frac{3}{7}$ 张饼再平均分给 5 个人，每个人就

取 $\frac{3}{7}$ 的 $\frac{1}{5}$，所以是 $\frac{3}{7} \times \frac{1}{5} = \frac{3}{35}$。"

"嗯，挺好。"我笑着说，"小刘哥，你也说说你的想法吧。"

小刘哥回答："我的想法是 $\frac{3}{7}$ 张饼再平均分给 5 个人，就是把 $\frac{3}{7}$ 除以 5，列成算式就是 $\frac{3}{7} \div 5 = \frac{3}{35}$。"

我又问："说说你们两个的各自想法吧，哪个对呢？"

"都对。"两个小家伙互相看了一眼，一起笑着说。

"那就是说 $\frac{3}{7} \times \frac{1}{5} = \frac{3}{7} \div 5$，对吗？"我一边说，一边把他们两个的算式结合起来，写在纸上。"所以，这一次又验证了我们上面的说法，分母上的数字是除数，对吧，你们看 $\frac{1}{5}$ 的 5 在分数的分母上，它在另外的算式中就变成了除以 5。"我一边指着 $\frac{1}{5}$ 的 5 和除以 5 的 5，一边对两个孩子说。两个孩子频频点头，眼神中流露着"明白"……

分数本质上就是除法，它代表分子除以分母。有时候利用分数能使计算结果更简便也更准确，因为从某种意义上说分数是可以表示任意进制的（非连续进制，仅仅是从分数进位到整数。分母是几，我们就可以把它看成是几进制的数）。

2.5　速度是什么?

　　速度是什么?在日常生活中,人们用速度来表示物体运动的快慢,速度在数值上等于单位时间内通过的路程(严格来说,人们用速度来表示物体运动的快慢和方向,即速度是一个矢量。速度的大小为速率,常被叫作速度)。在数学中,速度等于路程除以时间。路程、速度和时间三者构成的关系模型是小学数学中乘法模型中的一个,其重要性是不言而喻的。对于刚接触速度的小学生来说,可能有点难以理解这个数学模型,这可不是仅仅增加了一个公式,因为这个公式通常会结合一些相关问题,从而变换出很多应用问题,而且,除了速度之外,这个公式还有两个变量——路程和时间,这两个变量本身就有很多的度量单位,由它们组合起来的速度单位就更多了,单位换算也更复杂。总而言之,速度给孩子们带来了不小的"负担"。

　　"速度"真的那么难以理解吗?速度既然是数学中的除法问题,我们是不是可以利用数学中除法的意义来解释速度问题,从而实现旧知识到新知识的知识迁移,以减轻孩子们的"负担"呢?

　　在明明和小刘哥开始学习"速度"这个概念的时候,我有意识地引导他们两个用已经学习的除法的意义去解释速度问题。一直以来,我都希望孩子们能够学会自我学习,而学会知识迁移是孩子们形成自我学习能力中一个非常重要的能力。在孩子们较小的时候，他们的思考能力和对知识的归纳和拓展能力还不强，这个时候需要家长或老师在合适的时机上给予他们适当的正确引导，以便培养知识迁移能力，帮助他们逐渐形成和提升自我学习的能力。

有一天，我问小刘哥和明明："你们两个人谁跑得更快呀？"

明明马上回答："我。我 50 米比小刘哥跑得快。"

小刘哥马上反驳："我 100 米比明明跑得快。"

看着两个孩子马上又要开始一番"舌战"，我赶紧叫停："你们两个都各有所长。那么，你们能跟我说说，跑得快慢能用一个你们学过的名词表达出来吗？"

他们在学校里刚刚学习了速度，所以，小哥俩马上就回答："速度。"

我点点头，接着问："那你们能告诉我什么是速度吗？"

明明说是单位时间内物体通过的路程，小刘哥说是路程除以时间。我竖起了大拇指，告诉他们，他们两个说得都对。我重复了一下明明说的关于速度的理解："速度是单位时间内通过的路程。"然后接着说："你们能不能把这句话再解释一下？就是说得再明白、直接一点。比如说，你们把单位时间再解释一下，好不好？"

小刘哥马上抢着说："单位时间就是指一小时、一分钟、一秒钟之类的。"

我马上表扬小刘哥："理解真到位！"我接着说道："那好，我们就假设一个人一分钟跑 300 米吧。"

我边说边在纸上画了一条线段，并在线段的上面标注了路程——300 米，在线段的下面标注了时间——1 分钟，如图 2-40 所示。

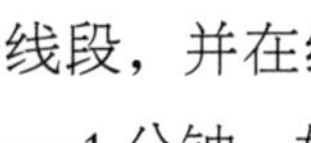

图 2-40　300 米 1 分钟

"那么，第二分钟就是又一个 300 米，第三分钟就是又一个 300 米……"

我一边自顾自地说着，一边在纸上接连画了 5 条同样的线段，并在每条线段上面标注了路程——300 米，在线段的下面标注了时间——1 分钟，如图 2-41 所示。

300 米	300 米	300 米	300 米	300 米
1 分钟	1 分钟	1 分钟	1 分钟	1 分钟

图 2-41　5 个 300 米

"你们看一下，这一段是一分钟里面跑了 300 米，那么，我画了 5 分钟，你们看看这一共跑了多少米呀？"

两个孩子异口同声地回答："1500 米。"

我让他们把算式也说出来，小哥俩又补充道："300×5=1500 米。"

"那么，你们看看这 1500 米算作什么呢？"我又问道。

"是路程呀！"明明说。

"300 米呢？"我再次提问。

"是速度呀！"小刘哥回答。

"我们再来看看这张图。"我一边指着纸上的线段图，如图 2-41 所示，一边说："整条线段的长度是 1500 米。"

我用笔尖划过了整条线段，在每段线上都画了一下，并接着说："每段线就是把整条线段平均分成的 5 份中的 1 份，每段也是 1 分钟的时间里跑的路程，也就是速度。"

"换句话说，就是我们把整段路程平均分到了每段时间里，就得到了速度。"

我刚说到这里，小哥俩马上感到了似曾相识。"这不就跟分苹果一样吗？"小刘哥说。

"所以，速度就等于路程除以时间呀！"明明补充道。

"其实就是把整段路程平均分给了每段时间，每段时间就是 1 小时、1 分钟、1 秒钟等这样的'每段时间'，就像把一堆苹果平均分给每个人一样，这里的整段路程就是一堆苹果，每段时间就是每个人，速度……"

还没等我总结完，小哥俩马上抢着回答："每个人分到的苹果呗。"

我高兴地摸摸他们的头，表示出非常赞赏的意思。

为了检验小哥俩对把路程平均分配到每"份"时间（单位时间）里，这种速度的"新定义"的理解，我又给小哥俩出了一道"易错"题目。题目是这样的："小红家到学校的距离是 900 米。上学时，她每分钟走 60 米；放学时，她每分钟走 36 米。问小红上下学的平均速度是多少？"

小哥俩看了看题目，没有动。我让他们两个拿出练习本来，试着做一做。看着小哥俩想写点什么，但又犹豫的样子，我建议他们画一画图，试一试，看有没有什么新发现。过了一小会儿，我看见明明只画了 5 条线段，便提示他和小刘哥要把所有的线段都画出来。我告诉他们，在不太理解的时候尽量要把图形画完整，这样做虽然有点费事，但能在思考问题上给予我们更大的帮助，思路也会更加顺畅，从而节省更多的时间。两个孩子都比较听我的话，因为一直以来，他们基本上都是按照我提的建议做事，并且都收获不少。过了一小会儿，我看见小刘哥和明明都在自己的练习本上画下了详细的线段图，大致如图 2-42 所示。

上学	1	2	3	4	5	6	7	8	9	10	11	12	13	14	15										
	60	60	60	60	60	60	60	60	60	60	60	60	60	60	60										
放学	36	36	36	36	36	36	36	36	36	36	36	36	36	36	36	36	36	36	36	36	36	36	36	36	36
	1	2	3	4	5	6	7	8	9	10	11	12	13	14	15	16	17	18	19	20	21	22	23	24	25

图 2-42 上学和放学 1

小刘哥直勾勾看着他画的图，一只手不停地抠着另外一只手，应该在飞快地思考。明明拿笔在图上比画着，应该也在思考着。过了一小会儿，两个小家伙几乎是同时在纸上写出了下面的算式：

$$900 \times 2=1800（米）\tag{2-35}$$

$$900 \div 60=15（分）\tag{2-36}$$

$$900 \div 36=25（分）\tag{2-37}$$

$$1800 \div （15+25）=45（米/分）\tag{2-38}$$

我请小刘哥讲讲他的解题思路。他指着他画的草图，对我们说："你们看，上学用了15分钟，放学用了25分钟，所走的路程是一个来回，也就是1800米，所以，平均速度就是1800÷（15+25）=45（米／分）了，这就是小红上下学的平均速度。"

我想测试一下他的解题思路是否清晰，故意混淆一下他，就问："那为什么不直接用（60+36）÷2=48（米／分），求出平均速度呢？"

小刘哥刚要解释，明明赶紧抢着说："上学和放学用的时间不一样，这样一来，直接用来回的速度来平均就不对了。"他指着所画的图上上学和放学的小线段说。

我点点头，想继续把这个问题说得再明确点。很多时候，他们两个心里都是明白的，但是很难像大人那样，把相关的问题讲得清清楚楚。遇到这种情况，我都会仔细地把知识的迁移关系再给他们讲一遍，这样有助于他们更深入地理解知识，也有助于他们建立自己的知识迁移体系。

于是，我说："你们看，你们把小红上学所走的所有路程平均分配到了上学路上的每一分钟里，把小红放学所走的所有路程平均分配到了放学路上的每一分钟里，并且标上了每一分钟所走的米数，这是不是跟我们分苹果一样，整条线段代表我们拥有的所有苹果数量，每一分钟代表每个人，我们把路程平均分配到每一分钟里就好像我们把苹果平均分配到每个人手里一样。"

我说话的同时，还用笔尖在整条线段和其中的一些小线段上轻轻划过。然后，我接着说："你们看，如果我们把上学路上的每一分钟里走的米数，跟放学路上的每一分钟里走的米数做平均，这样，这些对应好的上学路上每一分钟走的米数与放学路上每一分钟走的米数，就是上学速度和放学速度在对应的两个分钟里面做了平均。"说着，我还用笔把上学线段上的每条小线段与放学线段上的每条小线段一一对应起来。画到最后，放学的"小线段"还剩下很多，但是上学的"小线段"已经没有了，如图2-43所示。

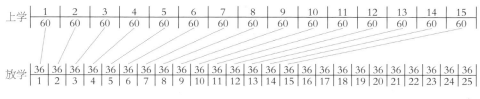

图 2-43　上学和放学 2

"还有这么多米数没有找到上学路上的时间跟它平均，怎么办呢？"我边说边把那些放学路上没有能和上学路上配上对的时间段圈了起来，如图 2-44 所示。

上学	1/60	2/60	3/60	4/60	5/60	6/60	7/60	8/60	9/60	10/60	11/60	12/60	13/60	14/60	15/60

放学	36/1	36/2	36/3	36/4	36/5	36/6	36/7	36/8	36/9	36/10	36/11	36/12	36/13	36/14	36/15	36/16	36/17	36/18	36/19	36/20	36/21	36/22	36/23	36/24	36/25

图 2-44　上学和放学 3

两个孩子马上回应我："所以，不能把上学的速度和放学的速度直接平均了来求总的平均速度呀。"

我点点头，表示赞同他们的看法。我接着又问："那么总的平均速度是比来回速度和的平均值大了，还是小了呢？"

"小了呀！"两个孩子差不多一起回答。

"你看，还有这么多'小'的速度值还要平均呢。"明明表现出入戏的样子，一边补充还一边用手在没有配对的放学时间段上圈了一下。

"嗯，很不错。"我称赞道。

"那有没有可能，直接用来回速度的平均值来求平均速度呢？"我继续提问。

小刘哥马上说："有呀。就是来回的时间一样的时候。"明明也及时响应了小刘哥的回答，并补充道："如果来回的时间相同，那么来回的小线段数量就一样了，这样来回的小线段就可以一一对应起来了，取一段来的小线段，再取一段回去的小线段，求平均。这样跟把所有路程求和再求平均所得的结果是一样的。"他一边说还一边在我画的图上（图2-44）上下两条小线段之间画了几下，表示一一对应。

"哈哈，真不错。其实呀！速度跟分苹果是一样的，就是把路程平均分到了时间里。"我总结道。

速度的单位是一个复合单位，由长度单位和时间单位共同组合而成。因为长度单位有许多种，时间单位也有许多种，所以速度单位就变得相对复杂。特别是时间单位还是非十进制的，这样一来，各种速度单位之间的转换也很复杂，所以理解清楚速度单位组成的来龙去脉，对于刚刚接触"速度"这一新概念的小学生来说就显得尤为重要。

有了上面的想法，我自然要跟明明和小刘哥一起讨论一下速度单位问题了。"速度的单位有很多种，单位换算也挺麻烦的，要不我们再讨论一下速度的单位吧！"我提出建议。

小哥俩点头表示同意。

"那我先提一个问题吧！"我先起了个头。

"一辆汽车2小时行驶72千米，那么它的速度是多少呢？"我问。

"72÷2=36（千米／小时），是36千米每小时。"明明抢着回答。

我又接着问："能说说为什么速度的单位是'千米／小时'吗？"

明明点点头，接着就在纸上写下了下面的算式：

$$72 \text{ 千米} \div 2 \text{ 小时} = 36 \text{ 千米} / \text{小时} \tag{2-39}$$

明明解释说速度在数值上是72÷2=36，在单位上也是千米÷小时。

我马上夸奖："真棒，知识迁移得不错。"

"那能不能说说，我们还在什么地方用到过单位也参加运算的吗？"我又提问。

"面积的单位。"两个孩子几乎同时说出口。

我使劲地竖起了大拇指，给了他们大大的笑脸。

两个孩子都很喜欢这样的答题方式，都想回答我提出的问题，于是，小刘哥提出："要不我们轮流回答问题吧，一人一次，怎么样？"

小刘哥提出了一个公平回答问题的方式，我和明明也没有理由反对。所以，他们两个开始了轮流回答问题。

我又提出问题："一辆汽车 120 分钟行驶 72000 米，那么它的速度是多少呢？"

小刘哥回答："72000÷120=600（米／分），是 600 米每分。"

我再次提出问题："一辆汽车 7200 秒行驶 72000 米，那么它的速度是多少呢？"

明明回答："72000÷7200=10（米／秒），是 10 米每秒。"

"嗯，你们答得都很好。我现在想请你们两个想想，这三个速度有什么关系。"我一边提出问题，一边把三个问题中的关键量都写在纸上，如图 2-45 所示。

2 小时　　　72 千米
120 分　　　72000 米
7200 秒　　　72000 米

图 2-45　三个速度的关键量

只过了几秒，小哥俩就反应过来了，他们告诉我：左边一列的时间是相等的，右边一列的路程也是相等的。

"那么，三个问题中的速度是——"我故意拉长了声音，看着他们两个的反应。

"相等的。"两个孩子很快领会我的意图，几乎同时说出了答案。

"嗯，非常正确！"我鼓励道，同时在纸上写下了下面的算式：

$$36 千米／小时 =600 米／分 =10 米／秒 \qquad (2\text{-}40)$$

"所以，如果有一道题目中有一个速度是 3.6 千米／小时，但是，时间单位是分，路程单位是米，你们该怎么处理呢？"我问。

小刘哥回答："我就先把 3.6 千米／小时换成米／分"。

"对于转换这件事情，你有什么好的办法吗？"我又问。

"就编一道应用题呗。像这样：一辆汽车 60 分钟行驶了 3600 米，求出它的速度。"明明回答。

"把千米转换成等量的米，把小时转换成等量的分，再利用除法，相除后就得到米／分了。"小刘哥回答。

"你们俩都回答得相当好。明明利用了编应用题的方法，直接利用速度的定义，把路程和时间做等量代换，得出了换算之后的速度。而小刘哥呢，直接利用了等量代换的方式进行转换，都很不错。"我总结了他们的方法，希望他们自己也慢慢学会总结。

"那你们两个再互相出几道题目练习一下吧。"我又给他们布置了任务。每当这个时候，他们都会互相"刁难"，出一些很难计算的数来难为对方，不过，他们也把这种练习当作游戏，没有表现反感的情绪。对于我来说，既让他们做了练习，又没让他们生厌，也就由他们自己做主了。

速度在数值上等于路程和时间相除，本质上也是一个平均分的问题，就是把路程平均分配到了单位时间里。速度的单位是个复合单位，它是用长度单位与时间单位相除得到的，各种不同的速度单位由各种不同的长度单位和时间单位组合而成，其相互转换就是把等值的长度单位和等值的时间单位相互转换后再做数值上的相除。

3

孩子也有责任感和使命感

随着明明思维能力的逐步提高，他已经不再满足仅仅用一些数学知识去解释或解答一些简单的生活问题，或是通过联想一些简单的生活现象去理解数学问题了，他越来越多地关注一些科学现象，甚至把我几年前买的科普书都翻出来看。在明明上小学二三年级的时候，我买了不少科普读物，早早地放在家里的书架上，希望明明能多读一读这些科普读物。一来，可以多锻炼一下思维；二来，作为一名"理工女"，我本来也是相当偏爱科普的，希望明明能把学科知识和科学现象融合在一起，这不仅有利于培养他对科学的兴趣，也有利于他未来的学科学习。

有一段时间，明明对太空相关的科普话题产生了浓厚的兴趣，开始琢磨起宇宙的起源、太阳系的形成、哈勃太空望远镜以及宇宙飞船等，甚至会用书中的知识来解释生活中他遇到的一些现象。我记得有一次，他特别兴奋地跑过来告诉我："妈妈，我发现万有引力啦！"

话还没有说完，他就给我演示什么是万有引力。他先把薄塑料卷筒粘在手掌上，然后掌心朝下来回走，而薄塑料卷筒不掉下来。明明觉得，薄塑料卷筒不掉下来是因为有"万有引力"。

显然，他的这一想法不符合科学原理，但是，为了不打击他对科学的兴趣，我都是鼓励他的这些想法的，同时还会抓住机会给他讲解相应的、真实的科学道理。

有时候，他也会用自己小小的脑袋去推理一些问题。比如，有一次，他一回到家就特兴奋地告诉我，他同学问他妈妈，地球形成的时候是没有我们人类的，但是，我们现在居然还能看到地球形成时的录像，这是为什么呢？他同学妈妈没有回答出来。明明说他想到了，并且告诉了他同学，那个录像的内容是科学家想象出来的，录像是用程序做出来的。我在夸奖明明的同时，也会告诉他，科学家是根据很多的科学依据或证据才想象出来的，绝对不是凭空想象的，并勉励他多学习，多了解这些科学现象背后的科学知识，以便能更好地解释科学问题。

看到明明那段时间对地球以及航空知识那么着迷，我想趁热打铁，带他去中国科学技术馆转转，看看展品，正好可以理论联系实际，以便让他对自己学习的知识有更深刻的理解和认识。于是，选了一个周末，我带着明明和他的好朋友杰瑞一块去了一趟中国科学技术馆。

在科技馆，我们主要参观了四楼的"挑战与未来"和一楼的"华夏之光"这两大主题展厅。孩子们最感兴趣的是"挑战与未来"展厅中的超导磁悬浮实验、火箭发射以及人类对太空的探索史知识展板。超导磁悬浮实验让孩子们见识了超导这种特殊科学现象的神奇之处，见识了那种既"吸引"又"排斥"的神奇力量的存在，并了解了如何利用这种神奇的科学现象为我们人类服务。在火箭的发射展品前，孩子们和我一起模拟了火箭载着宇宙飞船离开地面时火箭与地球之间的作用力与反作用力，以及这种强大的反作用力是如何推动火箭以极快的速度载着宇宙飞船逃脱地球的万有引力而飞上太空的。最后，我们来到了人类对太空的探索史知识展板前，我和两个孩子通过触摸屏了解到，这些年我们国家在航空航天科技上已经取得了很大的成就，并且已经进入了世界排名的前列，但是，跟美国和俄罗斯比起来还是有不小的差距。两个孩子看到这里，都默不作声了。要离开科技馆之前，我让两个孩子在展板前面照个相，留作纪念。两个孩子很有默契地并肩站在展板前，右手举过头顶，敬少先队队礼，如图3-1所示。

图3-1　敬礼

我们是在工作人员"闭馆"的提醒声中离开的。在回家的路上，两个孩子一直沉默不语，没有来时的兴奋。我问他们为什么不高兴。刚开始，他们不回答，过了一会儿，他们告诉我，他们觉得我们国家的航空航天科技应该再强大一些，他们会努力学习，长大要当科学家，为祖国的航空航天事业的发展做贡献。他们甚至还说了一句让我有些惊讶又有些激动的话——为中华民族科技之腾飞而读书。

这次中国科学技术馆之行，让孩子们和我都收获颇丰。根据在馆里学到的知识，又通过查找相关材料，孩子们完成了两个课前三分钟 PPT 演讲文稿，分别是"磁悬浮"和"火箭的发射"。我觉得孩子们更大的收获是他们开始有了一份小小的责任心，他们有了为国家、为民族去担当的责任心。不论孩子们以后从事何种职业，这些从小树立起来的责任心和使命感都会对孩子们的世界观和人生观的形成有不小的影响，这也是我作为家长愿意带给孩子们积极、正面的影响。

打破砂锅问到底

——恐龙到底长什么样？

4

不少男孩子都会有一个酷爱恐龙的时期，我的儿子明明也不例外。自从两岁多带明明去北京自然博物馆看了恐龙仿真模型之后，明明的"恐龙时代"就开始了。在他的要求下，我们买了一些有关恐龙的书籍，他每天在室外"疯跑"回家，就打开"恐龙"书，看个没完。尽管那时的他连一个字也不认识，许多事情还不能表达清楚，但是他却能指着书上的图片，准确地说出很多恐龙的名字，告诉我们哪一种恐龙是食草恐龙，哪一种恐龙是食肉恐龙。他还能记住一些恐龙的特点：地震龙是身长最长的恐龙；窃蛋龙是喜欢偷其他恐龙蛋的恐龙；三角龙的鼻子上长了个角，有点像犀牛；慈母龙最喜欢照顾自己的宝宝；霸王龙是最凶猛的恐龙；剑龙背上长着突起的"剑"；马门溪龙有世界上最长的脖子，而且还是在中国发现的……那个时候，我每天的"必修课"就是在睡觉前给他读关于"恐龙"的书。想想那个时候，虽然他不识字，但是他的兴趣却让他记住了那些书中所有关于恐龙的故事。在后来的岁月里，他已经不再需要我给他读关于恐龙的书籍了，但他一直没有忘记那些幼年时期做过的关于恐龙的梦。有好几次，我下班回家碰见他在家里看关于恐龙的纪录片，这些关于恐龙的纪录片也为他日后了解恐龙的发展历史奠定了一定的知识基础。有一次，课上学习关于"恐龙"的文章，他回家后告诉我，在课堂上，他回答了很多关于恐龙的问题，着实让他"风光"了一回。

4.1　明明的恐龙世界

明明小时候对恐龙特别着迷，不但喜欢看关于恐龙的书，还经常要求我带他去北京自然博物馆看恐龙仿真模型。那个时候，他对恐龙的化石不太感兴趣，对那些活灵活现的恐龙仿真模型倒很是着迷。他最感兴趣的是这几种恐龙：慈母龙、剑龙、窃蛋龙、马门溪龙和霸王龙。

慈母龙：慈母龙英文（maiasaura）的意思是"好妈妈蜥蜴"。1978 年起，在美国的蒙大拿州（Montana），科学家们陆续发现了数个恐龙巢，里面有恐龙蛋、恐龙胚胎和待哺育的小恐龙化石，于是把这种恐龙命名为慈母龙。据科学家推断：慈母龙把蛋下在巢里，并且会照看自己的孩子们。慈母龙是群居生活的恐龙。巢都是在泥地上挖的坑，差不多和一个圆形饭桌一样大。在下蛋之后，慈母龙母亲，可能还有慈母龙父亲，会在一旁保护着蛋，以免它们被其他恐龙偷走。慈母龙母亲可能卧在恐龙蛋上保持其温暖，当"她"需要离开去吃饭时，则由其他成年恐龙看护着恐龙蛋。小恐龙出世以后，它们的父母会照顾这些恐龙宝宝。小恐龙在"家"中生活，一直到它们长到能离巢自己出去寻找食物为止。

明明小的时候，很喜欢慈母龙，他一直认为慈母龙妈妈是最爱宝宝的，他很喜欢把自己假扮成慈母龙宝宝，让我来当慈母龙妈妈。每次去北京自然博物馆，他都会站在慈母龙的仿真模型前面一遍又一遍地数着慈母龙宝宝的蛋，数一会儿蛋，还可能停下来指着其中一颗蛋说那是"明明"。这应该是他用自己的方式来表达他与妈妈之间的爱吧。图 4-1 是北京自然博物馆慈母龙仿真模型的照片。

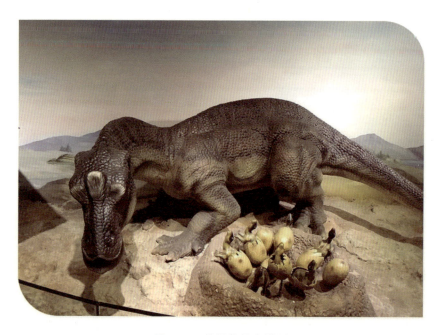

图 4-1　慈母龙仿真模型

　　后来随着时间的推移，他越来越多地了解与恐龙相关的知识，渐渐地明白了这样一个事实：在恐龙时代，慈母龙妈妈不一定是真的很爱它的宝宝，无微不至地照顾它的宝宝，直到宝宝长大可以独立生活。关于慈母龙妈妈照顾宝宝的那些说法是科学家推断出来的。因为科学家们发现了一些恐龙巢，里面有大恐龙和小恐龙的骨架。这些生活在一起的大恐龙和小恐龙都是食草的恐龙，它们应该是一群和平相处的恐龙，那么大小恐龙生活在一起，很容易让人联想到是父母照顾未成年的孩子，所以，科学家推断出这样的结论：恐龙巢里的恐龙很有可能就是恐龙妈妈、恐龙爸爸和恐龙宝宝生活在一起，并且恐龙爸爸妈妈照顾恐龙宝宝。① 至于"慈母龙"这个

① 　资料来源：https://baike.baidu.com/item/%E6%85%88%E6%AF%8D%E9%BE%99/1557713?fr=aladdin，2019-12-12。

名字，当然也不是这种恐龙与生俱来的名字了，这个名字也是科学家根据他们推断出的这种恐龙的特征，人为起的名字。

剑龙：剑龙是一种体型巨大的食草恐龙，是一种生存在侏罗纪晚期的恐龙。它的最大特点是背上有两排巨大的骨质板，带有四根尖刺的危险尾巴能够防御掠食者的攻击。它之所以被称作"剑龙"，也是因为背上的骨质板长得像"剑"。图 4-2 就是剑龙的仿真模型。

图 4-2　剑龙仿真模型

明明喜欢剑龙是因为剑龙背上有骨质板。他认为剑龙身上的这些骨质板就是剑龙的一身盔甲，其他食肉恐龙想要吃剑龙的时候，剑龙背上坚硬的"盔甲"就会保护剑龙不受伤害，因为食肉恐龙一咬剑龙时，剑龙就可以用自己背上的"剑"去刺食肉恐龙，这样食肉恐龙很有可能吃不到剑龙，反而被剑龙的"剑"刺伤。他有时候还会仿照剑龙，把彩泥做成尖尖的形状，粘在纸上，然后绑在身上，当作"盔甲"跟小朋友去"决斗"。

　　长大了一些的明明不再自己做"盔甲"跟小朋友"决斗"了，但他对恐龙的"热爱"却没有一丝减少。有一天晚上，明明兴奋地告诉我语文课上讲关于恐龙的课文，他发了好多次言，给大家讲了很多关于恐龙的知识。当时，他的表情很有几分得意。过了一会儿，他又神秘地对我说："妈妈，我有一个新发现，就是剑龙背上的'剑'不是剑龙的武器。"

　　我抬头看看他神秘的表情，心里很好奇，难道他又有什么新发现，就问："不是武器，那是什么呢？"

　　"调节身体温度呀！就跟大象的耳朵和小白兔的耳朵的作用是一样的。"他有点得意地向我展示他的"新"发现。

　　"你怎么知道剑龙背上的'剑'是调节体温的呢？"我很想知道他是从哪里了解到这些新观点的，就马上追问。

　　"我在纪录片里看的呀。"他自豪地说。接着他就告诉我："妈妈，有一天，我看了一部有关剑龙的纪录片。人们在一起讨论了剑龙后背上的'剑'的作用，一些人认为剑龙背上的'剑'是用来防御敌人进攻的，还有一些人认为剑龙背上的'剑'是用来调节体温的。我认为剑龙背上的'剑'是用来调节体温的。"

　　"哦，你为什么这么认为呢？"我很想知道他是怎么得出这样的结论的，就又向他提问。

　　他接着回答我："妈妈，你知道吗，剑龙背上的'剑'不是跟身体上的骨头'长'在一起的。剑龙背上的'剑'是依靠皮肤或者筋腱跟身体上的骨头连在一起的。你想呀，要是食肉恐龙来咬它背上的'剑'，再使劲一拉，'剑'不就被扯下来了嘛。还有，如果剑龙用它的'剑'去刺食肉恐龙，那些'剑'那么弱，刺到食肉恐龙身上或头上，肯定要被撞坏的呀。"

　　为了让我更信服，他还打开计算机搜索出一张剑龙骨架的图片展示给我看，剑龙背上的骨板与身体骨骼并没有"长成一体"的结构关系，如图4-3所示。

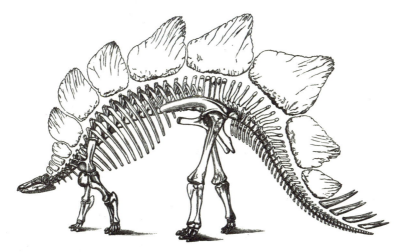

图 4-3　剑龙骨架

奥塞内尔·查利斯·马什（Othniel Charles Marsh）在 1896 年绘制的剑龙属插图，图中的
剑龙拥有 12 块背部板状物与 8 根尖刺。剑龙属实际上拥有 17 块板状物与 4 根尖刺。

　　我笑着点点头，说："分析得合情合理、有理有据，妈妈支持你的想法！"看着儿子分析得这样头头是道，作为妈妈的我心里真的感觉非常欣慰。

　　展示完剑龙骨架的图片，明明突然又对我说："妈妈，剑龙背上的'剑'是用来调节体温的，与大象和小白兔的耳朵的作用是相似的。大象是因为身体太大了，夏天的时候，身体内的热量不容易排出来，就用耳朵来增加身体对外的面积，这样身体里面的热量就能排出来了。纪录片里说恐龙是冷血动物，又说剑龙背上的'剑'起着空调一样的作用，那应该是既可以升温又可以降温，但我觉得它应该像大象的耳朵一样，只是用来散热的呀。妈妈，什么是冷血动物呀？剑龙背上的'剑'是怎么升温的呀？"

　　明明给我讲了与恐龙相关的这么多道理，最后又向我抛出了两个新问题。我想了一会儿，想起来好像上学的时候，生物学课上讲过鱼类是冷血动物，它们不能自动调节体温。为了确认自己的记忆是否正确，我又上网查了一下，确认了自己的记忆没有错，同时我又了解了更多的关于"冷血动物"的知识：冷血动物，其实应该叫作"变温动物"，地球上除了哺乳类和鸟类，大部分动物都是变温动物。变温动物没有自身调节体温的机制，

"很棒！"我夸奖道，然后接着追问，"那么，什么时候它接受到的阳光最少呢？"明明又转动我画的剑龙图片，差不多使图片的侧面和我的拳头在同一条直线上，也就是使图片在刚才的位置上转了 90 度角，如图 4-6 所示，说："在这样一个位置的时候，剑龙接受到的阳光最少，差不多只有剑龙头或者尾巴那一部分以及两边凸起的身体能接受到一点儿阳光。"

图 4-6　剑龙晒太阳 2

我刚要夸奖他，明明忽然说："这个时候也不是接受到的阳光最少的时候。"我正纳闷，他笑着说："剑龙躲到山洞里时，接受的阳光最少，这时候没有太阳照到剑龙。"

"对呀，儿子，你可真棒！"我轻轻用手指在他的小鼻子上刮了一下。然后，我们两个就都笑了起来。

也就是说，剑龙在感觉冷的时候，它就把身体侧面对着太阳，这样整个身体侧面和背部的全部骨板的一侧都会被太阳照着，全都能接受到阳光的热量。而当它感觉身体较热的时候，它就把头或者尾巴正对着太阳，这样它接受的光照很少。当然，如果它足够聪明，它还能跑到山洞里，这样不但接受不到光照，还能把身上的热量通过身体表面和大大的骨板给散发出去。我和明明做了以上的总结。

最后，我又提醒明明：我们两个刚才讨论的剑龙背后骨板的作用和剑龙是变温动物这两件事情是科学家根据已有的事实和他们所掌握的知识推测出来的，并不是完全确定的事实，如果有一天，有其他事实证明这些不是真的，那么前面的总结就需要改写了。

窃蛋龙:窃蛋龙是一种小型兽脚亚目恐龙,生存于白垩纪晚期,身长
1.8~2.5米。大小如鸵鸟,长有尖爪、长尾,运动能力可能很强,行动敏捷,
可以像袋鼠一样用坚韧的尾巴来保持身体的平衡,跑起来速度很快。窃蛋
龙在外形上最明显的特征是头部短,而且头上还有一个高耸的骨质头冠。
1923年,美国中亚考察队在蒙古高原额仁大巴苏发现一窝恐龙蛋和一只窃
蛋龙的化石,发现时,它在一堆原角龙的化石附近,而且正在一堆化石蛋上,
由于当时的技术条件有限,科学家们认为这只恐龙在偷取原角龙的蛋,美
国古生物学家亨利·费尔费尔德·奥斯本(Henry Fai-field Osborn)给它取名
为窃蛋龙,并一直沿用至今。图4-7是台湾自然科学博物馆的窃蛋龙的模型。

图4-7 窃蛋龙仿真模型

其实明明不喜欢窃蛋龙，他对窃蛋龙感兴趣是因为在明明的心里认为这种恐龙很坏，喜欢偷东西，而且还是偷其他恐龙宝宝。每次遇到各种关于"宝宝"的事情，他总会不自觉地联想到自己身上（他也是一个宝宝），所以任何对各种"宝宝"不利的行为，明明都是深恶痛绝的。

因为窃蛋龙"偷"其他恐龙宝宝，所以，明明一直很讨厌窃蛋龙。直到后来长大一点，了解了更多的有关窃蛋龙的知识，他才知道其实当时科学家在发现窃蛋龙的时候，因为技术条件的限制，对窃蛋龙产生了误解。1993年，古生物学家马克·诺雷尔（Mark Norrel）来蒙古高原考察，发现了完整的恐龙胚胎蛋化石。经过研究，他发现这个胚胎蛋是窃蛋龙自己的蛋。他还发现这枚有胚胎的恐龙蛋化石与几十年前发现的被窃蛋龙压在身下的恐龙蛋化石是一样的，也就是说，那些蛋不是原角龙的，而是窃蛋龙自己的，如此一来，当初科学家认为窃蛋龙偷吃原角龙蛋的假设就不成立啦。那么，科学家给窃蛋龙起这个名字也就冤枉了它。

从窃蛋龙被科学家误认为是个偷蛋的"小贼"，到后来科学家经过研究给窃蛋龙正名，让明明从心底明白了一个道理：科学家也不是不会犯错误，那么对于他这样一个小孩子，犯错误也是非常正常的，所以，遇到问题要敢于去尝试，不要怕犯错误，有了错误，认识到错误，一点一滴地改进，终能有所进步。

马门溪龙：马门溪龙是蜥脚类恐龙，全长约22米，体躯高将近7米。它的颈特别长，相当于体长的一半，不仅构成颈的每一颈椎很长，且颈椎数多达19个，是蜥脚类恐龙中颈椎数最多的一种。马门溪龙的颈也是所有恐龙中最长的（颈部最长可达12.1米），是长颈鹿的3倍。与颈椎相比，背椎、荐椎及尾椎相对较少。马门溪龙是一种草食恐龙，生活在距今1.5亿年前。1952年，马门溪龙的第一具化石在我国四川省宜宾市马鸣溪渡口被发现，古生物学家杨钟健教授为其取名为马鸣溪龙，但被误作为马门溪龙，一直沿用至今。图4-8是马门溪龙的仿真模型图片。

图 4-8 马门溪龙仿真模型

明明喜欢马门溪龙有两个原因,第一个原因是小时候他常去北京自然博物馆看恐龙仿真模型,一进北京自然博物馆恐龙仿真模型展厅的大门,就发现有几只腕龙在晃着头叫,这给他留下了深刻的印象。他觉得马门溪龙长得有点像腕龙,而且在北京自然博物馆还有一具马门溪龙的完整化石,他在那里听过好几次小讲解员讲解马门溪龙。第二个原因就是孩子们小的时候都有一些自我意识,觉得自己的东西都是好的,我的妈妈最好,我家的东西最好,我们幼儿园最好,自然,在我们国家发现的恐龙也最好。

霸王龙:霸王龙是暴龙科暴龙属的一种恐龙,它的属名在古希腊语中意为"残暴的蜥蜴王"。霸王龙生存于距今 6850 万 ~6500 万年的白垩纪最末期,是白垩纪-第三纪灭绝事件前最后的非鸟类恐龙种类之一。霸王龙化石分布于北美洲的美国与加拿大,灭绝很晚。霸王龙属暴龙科中体型最大的一种,体长 11.5~14.7 米。平均臀部高度约 4 米,臀高最高可达到 5.2 米,头高最高近 6 米,头部长度最长约 1.55 米,平均体重约 9 吨,最重 14.85吨,咬合力一般 9 万 ~12 万牛顿,嘴巴末端最大咬合力可达 20 万牛顿。霸王龙是体型最为粗壮的食肉恐龙，位于白垩纪晚期的食物链顶端，当时北美洲的各种恐龙基本上都可以成为它的捕猎对象。图4-9为霸王龙仿真模型的图片。

图4-9　霸王龙仿真模型 ①

　　明明喜欢霸王龙的原因很简单，就像很多男孩子一样，他们都想成为最强壮、最能打斗的"王"，而霸王龙就是恐龙中的"王"。

　　明明说霸王龙之所以能成为"王"，是因为它出现在恐龙时代的末期，它一定得比之前的恐龙更强壮，更能战斗，要不早就灭绝了，就像我们现在的人类要比原始人类聪明一样。这大概就是他潜意识中的"物竞天择，适者生存"吧。

4.2 恐龙的化石

　　明明从小就喜欢活灵活现的恐龙仿真模型,但是对恐龙化石不是太感兴趣。直到长大一点,他从心里明白了那些凶猛的"大块头"就是从那些"大骨架"还原来的,才开始关注恐龙化石。明明是从纪录片中了解到科学家还原恐龙的过程的。他告诉我,科学家先从地下挖掘出恐龙化石,把这些恐龙化石组合成一个完整的恐龙骨架,如图 4-10 所示。当然啦,这个组合过程比较像搭积木,但要比搭积木困难很多。然后,科学家再利用计算机中的"图纸",画出组装好的恐龙骨骼,并在骨骼之间添加关节,如图 4-11 所示。接着,科学家再根据现实中的大型动物,比如大象、犀牛,这些动物的肌肉和皮肤的特点在图纸上给恐龙添加上肌肉和皮肤。最后,科学家再根据现实动物的特点、对恐龙现有的了解以及科学家自己的想象,给恐龙添加上各种器官。这样,恐龙的仿真模型就被还原出来了。

图 4-10 恐龙化石骨架

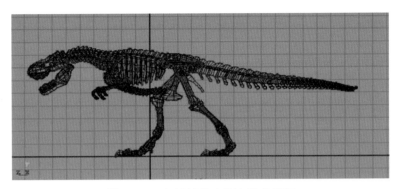

图 4-11　在计算机中画出恐龙骨架

　　明白了恐龙仿真模型的由来，明明还有一些没解决的问题。

　　"妈妈，有的恐龙生活在侏罗纪，比如说剑龙；有的恐龙生活在白垩纪，比如说霸王龙。科学家是怎么知道这些恐龙生活在哪个时代的呢？"明明仰起他疑惑的小脸看着我，问道。

　　"噢，这个可能是因为在不同的地层岩石里发现了不同的恐龙化石。比如说，在侏罗纪的地层岩石里发现了剑龙化石，在白垩纪的地层岩石中发现了霸王龙化石。当然，这些地层的名字也都是由科学家起的。"我不假思索地回答明明。

　　"但是，妈妈，如果剑龙和霸王龙都被埋在深深的地层中的话，科学家是需要一直挖到深深的地层里面才能找到恐龙化石吗？还有，科学家还说了霸王龙是生活在距离今天 6850 万～6500 万年前，那科学家又是靠什么知道霸王龙被埋葬的地层是距离今天那么久之前的地层的呢？"显然，我的回答并没有让明明完全满意。他用疑惑的眼神望着我，继续向我提出了上面几个问题。这几个问题已经超出了我的知识范围，我一时半会儿回答不上来。我跟明明商量："妈妈需要查查资料，认真学习一下，才能回答明明提出的问题。"明明很爽快地答应了我，因为一直以来，我们相处的方式就是我不一定能回答出他提出的所有问题，但是，我会努力去找到合情合理的解释。也就是说，在他的心目中，妈妈也不是什么都知道，妈妈也是需要学习的。

在接下来的一个多星期里，一有时间我就去查找资料，琢磨着怎么把明明提出来的问题搞清楚、讲明白。功夫不负有心人。经过一段时间的摸索，我把我已掌握的知识和新学习的知识联系在一起，把所涉及的科学原理的来龙去脉大致梳理通顺，还真的把明明提出的关于"科学家又是靠什么知道霸王龙被埋葬的地层是距离今天 6850 万～6500 万年前的地层"这个问题大致解释清楚了。当然，要讲清楚"地层岩石年代"所蕴含的科学道理，需要一些基础知识作为铺垫，具体包括原子以及组成原子的粒子、原子弹的原理、化石的形成以及元素的衰变。

4.2.1 原子以及组成原子的粒子

稍微早一点的时候，明明已经知道了原子的存在，知道世界上的物体都是由原子组成的，也知道原子很小很小。但是，明明仅仅是知道原子，并不能比较清楚地理解原子组成了世间的万物，更不能理解原子到底有多小。我和明明就是在这种情况下，开始我们对原子的认识的。

我告诉明明，在我们赖以生存的地球上，他能看见的所有的物体都是由原子组成的，而且当我们把任何物体分割到"几乎"不能再分割的时候，这些不能再分割的小微粒就是一粒粒的原子（在刚开始跟孩子讨论原子的时候，我没有提到组成原子的质子、中子和电子，更没有提到组成质子和中子的粒子——夸克。对于质子和中子，我计划一步步提出来。如果一次说出太多的概念或专业术语，孩子很有可能接受不了或者理解不了。由于我要给他讲解的这些知识暂时用不到夸克，因此暂时不涉及）。就好像你在海边的沙滩上搭建了一座沙堡，这座沙堡就是由一粒一粒的沙子组成的。它们之间的不同点在于：如果我们有相应的设备，每一粒小沙粒还是可以再分割的，但是，对于原子，除非用非常先进的设备，否则的话，每一粒原子都是很难很难再分割的（严格地说，原子指在化学反应中不可分割的基本微粒）。

明明很惊讶，他指着自己的眼睛，看着我说："妈妈，那么，我的眼睛也是由原子组成的吗？"

他又抬起自己的手臂，看着手臂说："我的手臂也是由原子组成的吗？"

我笑着点点头。忽然，明明好像又想起了什么，就接着问："既然眼睛和手臂都是由原子组成的，那为什么它们长得不一样呢？"

"这是因为原子的种类不一样呀，就像这个杯子是由玻璃材料组成的，而这把椅子是由木头组成的一样呀。"我用手指弹了弹玻璃杯，又敲了敲椅子，回答道。

我接着说："如果取出的原子种类和个数不一样，这些不同种类、不同个数的原子按照不同的方式进行排列，就可以组成很多很多种物质。你还记得你设定拉杆箱密码锁密码后忘记密码这件事情吗？拉杆箱的密码锁只有 3 位，并且一位密码只有 10 个数字。为了找到最终的密码，你和爸爸试了多少次才能试完呢？"

"1000 次。"明明低着头小声说。一提到他之前做的小"坏"事，他就有点不好意思。

"类比一下，如果只有 10 种不同种类的原子，并且只用了其中的 3 个原子进行排列。是不是也可以排列出跟你和爸爸试过的密码一样多组合的排列方式呢？"我反问道。明明点了点头。

"现在，你想想，如果密码锁上每一位上的数字有 100 多个不同的选择，密码锁上的位数也不再是 3 位，而是想取几位就取几位，得有多少种排列方式呀！"我又转回到明明熟悉的密码锁上来解释（原子组成分子，与原子的化学键有关，考虑到孩子的理解能力，同时我又希望明明能想象出 100 多种原子组成的万千世界，所以做了如上的类比）。

明明两只手托着下巴，两个眼珠子转来转去，脸上露出一丝神秘的表情。我知道那应该是他在自己的小脑袋里想着排列数量是多少呢，但是，他也知道任凭他怎么想，也想不出来具体的数字是多少，反正知道就是有很多很多……

"明明，你知道原子有多小吗？"我一句话打断了明明脑袋里的想象，把他的思绪拉回到现实中。显然，明明没有听清楚我问的问题，我又把刚才的问题重复了一遍。

明明回答说："反正很小很小，比小米粒还要小很多。"

我回答："是的，是比小米粒还小很多。具体小到什么程度呢，你跟着我的思路想象一下吧。"

因为原子实在是太小了，我没有办法直接拿一个物品跟原子比较，所以，只能用比喻让明明来想象一下原子的大小。"你见过一元硬币吧。"我接着对明明说。

"见过，我的储蓄罐里面有很多一元的硬币。"明明回答我说。

"一元硬币由许多许多的原子组成，但是，我们很难看到这些原子的存在，除非我们用非常非常高级的显微镜才可以观察到。这样的显微镜我们是很难得到的，所以，你先跟着我想象一下原子有多小吧。"我接着说。

"假如，我们把自己变得非常非常的大，大到地球在我们面前就像一个足球一样的大小。我们拿着一种超级显微镜把一元钱硬币放大。这个时候，一元硬币的外围放大到地球赤道那么大，我们就可以看到一元硬币上的小原子了。在这种超级显微镜下，一元硬币上的小原子就变成了外围跟原来一元硬币一样大的小球。"

说到这里，我停了停，因为现在的明明张大了嘴巴，眼睛直直地看着我，一句话也不说，一个问题也不问。过了足足有半分钟，明明才缓过神来，说了一句："硬币有那么大呀！哦，不是，原子有那么小呀！"刚说出口的话，他马上就否定。

我哈哈笑道："其实原子也不是最小的微粒，原子是由原子核和核外电子组成的，原子核是带正电荷的，电子是带负电荷的，原子核吸引着电子，不让电子跑得离自己太远。电子在原子核周围运动。"说着，我在一张白纸上画了一个大大的虚线的圆，在虚线圆里面写下了"原子"两个字，又在虚线圆里画了一个小的实线圆，在实线圆旁边写下了"原子核"三个字，最后，在大虚线圆的圆周上点了一个"点"，在旁边写下了"电子"两个字，如图 4-12 所示（电子在原子核外的运动是没有确定的方向和轨道的，只能用电子云描述它在原子核外空间某处出现的机会大小。现在把电子画在虚线上是为了便于孩子理解）。

图 4-12　原子示意图 1

明明看着我画的原子、原子核和电子，说："原子这么大，原子核和电子这么小呀！"

我笑着说："我这里还是为了让你能看清楚，把原子核和电子给画大了呢。实际情况是，如果把原子继续放大到一个足球场那么大的时候，原子核差不多像四颗小米粒合起来那么大，电子也就是用铅笔尖在纸上点一下的小点点那么大。"

我先指了指图上的原子核，又指了指表示电子的小点点。接着我又在原子核里面画了两个小小的圆圈，然后在其中一个小圆圈里面画了一个小小的"+"号，在旁边写上"质子"，在另外一个小圆圈旁边写上"中子"，在原子核外的电子旁边画了一个小小的"-"号，如图 4-13 所示。我指着图上的原子核对明明说："原子核由质子和中子组成，质子是带有正电荷的，原子核所带的正电荷都来自质子。"说着我指向代表质子的小圆圈。

我又指着代表中子的小圆圈说："通常情况下，原子核里面还含有中子，中子是不带电荷的。质子和中子的大小差不多，都比电子大很多，也要重很多，所以原子的质量就集中在原子核上。原子核里面可能包含很多个带正电荷的质子，原子核里面有几个带正电荷的质子，原子核外面就会吸引几个电子，因为一个电子带一个负电荷。每个中子的质量和每个质子的质量近似相同，它们的个数可以一样，也可以不一样。当然，原子核里面也可以没有中子，比如跟氧气在一起点燃可能发生爆炸的那个氢气的氢原子就是只有一个质子，没有中子……"

我还没说完，明明已经实在是等不及了，他指着图上原子里面那么一大块空空的"大空地"，问我："妈妈，这里是什么？"

"这里什么都没有，就是空的，这是这个原子的'领地'，是留着给原子核和电子的。"我笑着回答他。

图 4-13 原子示意图 2

明明皱着小眉毛，仔细地看着我画的原子示意图。哈哈，今天讲的内容实在是超出了他平时的想象，看来得留下一点时间让他消化消化了。

4.2.2 原子弹的原理

自从知道了原子和组成原子的粒子之后，明明觉得自己一下子好像知道了很多知识。我也想趁热打铁把我之前准备的其他两项知识分享给他听。

一天晚上，趁着我和明明都没什么要紧的事情做，我把明明叫过来，一起讨论起原子弹的原理来。"明明，你还记得第二次世界大战的时候，日本偷袭了美国的珍珠港之后，美国是怎么还击的吗？"

"当然记得。美国在日本的广岛市和长崎市分别投射了一颗原子弹，在广岛市投射的原子弹叫'小男孩'，在长崎市投射的原子弹叫'胖子'，然后，日本就很快宣布无条件投降了，再然后，第二次世界大战就结束了。"明明仰着小脸，一脸神气地说。

这段历史，明明记得尤为深刻，主要原因是美国投射了这两颗原子弹。原子弹在孩子们心目中有着一种特殊的神秘感，其实，原子弹也真的是很"神秘"，它是我们人类至今研究出来的最"高深"的技术之一。这一次，我要把这种"高深"知识中最基本的原理跟明明讲一讲。

"明明，你知道原子弹的威力为什么那么大吗？"我问明明。

明明先是愣了一下，然后摇摇头说："我不知道。"

"前段时间，你问过妈妈科学家是怎么知道埋恐龙的岩层的年龄。妈妈查了一些资料，学习了一些相关知识，发现岩层年龄的知识跟原子弹的知识有关，也跟前两天妈妈给你讲的原子结构和组成原子的粒子有关。我们已经讨论过了原子结构和组成原子的粒子，今天，我们再来讨论一下原子弹，好不好？"我以这样的开场白开始我和明明之间的讨论。

明明马上高兴得直拍手，叫道："好！好！"

我接着说："明明，如果进行武术比赛，你们班的十个同学一起和一个普通的大人打，哪方能赢？"

明明想了想说："我觉得我们班同学这方能赢。"

"那为什么呀？你们可都是小孩子呀。"我装模作样地提醒道。

"虽然我们都是小孩子，但是我们人多呀，而且我们都不是特别小的孩子，力气也不是很小。如果我们这边是五个以下的同学迎战一个大人，有可能不能战胜，但是我们的人数比大人多那么多，我们所有同学的力量加在一起，战胜大人的可能性就大了。"明明认真地分析并解释。

我笑着点点头，说："我跟你的想法是一样的。其实原子弹的威力为什么那么大也是跟这个例子有一些相似的原因。那我们现在就一起讨论一下原子弹威力大的原因吧。"

明明点了点头，表示同意一起讨论问题。

我接着问："你知道原子弹是什么东西吗？"

看着明明并没有马上回答我，我接着说："原子弹的本质就是之前我们说过的原子核发生了变化，比如说原子核裂开或者多个原子核变成一个原子核。想象一下，一枚一元硬币外围被放大成地球赤道那么大，一个原子才能像一枚一元硬币那么大的一个小球，一个原子里面有一个原子核。那么，如果我们把地球沿着赤道切开，在切开的圆上，铺满一枚枚一元硬币，数数硬币的个数，是不是也就是一枚硬币所包含的原子的个数呀？"

"我们先不算硬币的厚度，如果算上厚度，原子数又得多很多。"我补充了一下，明明点点头。

能看得出来，他听明白了，他的小脑袋正跟着我的思路一起思考。"你想想，这么多的原子，如果其中的每个原子核都爆发出它们的力量，那威力是不是大得不得了呀。"我继续解释着。

明明点点头，表示理解。

我告诉明明科学家做了一个实验，证明有一种叫作铀的物质，1000克铀的原子爆发产生的能量与2000吨煤燃烧产生的能量相当。所以，小小原子产生的能量还是相当大的。"在"道理"和真实的实验结果面前，明明完全被小小原子核的能量所折服。

"那么，原子核里面的粒子是怎么爆发出它的能量的呢？"我继续抛出问题。

我知道明明是不可能回答出这样的问题的，但是，我还是喜欢用提问题的方式来给明明讲解知识。"其实呢，原子核爆发出能量有两种方式：一种是1个大一点的原子核最后变成2个小一点的原子核，这个叫'核裂变'，就好像1个原子核裂开了似的；另外一种就是2个原子核变成1个原子核，叫作'核聚变'，就好像2个原子核聚集到一起了似的。"我自问自答道，并开始在纸上画简单的原子核裂变的示意图。

　　我先在纸上画了 1 个大个的原子核，标记为 ^{235}U，并且指着它说："这是 1 个由质子数和中子数加起来等于 235 的铀原子核。当我们用中子去轰击它时，^{235}U 原子核'吃掉' 1 个中子，长'胖'了一些，变成了 ^{236}U 原子核。我们来计算一下，这个铀原子的质量数变成了 235+1=236。由于 ^{236}U 原子核太胖了，'肚子爆炸'啦，变成了 2 个小个子的新原子（钡 ^{141}Ba、氪 ^{92}Kr）和 3 个中子。这 3 个中子也没闲着，接着去轰击其他的质量数是 235 的铀原子核……这样就跟放鞭炮似的，1 个传 3 个，3 个传 9 个，一直爆炸下去，直到'炸'完全部的 ^{235}U 为止。这些原子核被'轰炸'或者自身'爆炸'会释放出特别多的能量，这些释放出来的能量就像大炮打出的炮弹似的，只是这个能量要比炮弹的能量大很多很多。"

　　我一边说，一边画着图，并不时地用手比画着，试图把我想说的内容表现得更形象生动些。我稍微停了一会儿，解释道："原子核本来是紧紧地包裹着质子和中子的，但是，外面的炮弹使劲地'轰击'它，让它爆炸，就像弹簧，本来被压得紧紧的，你使劲把它拽开，那它还不使大力气弹开它周围的东西呀！"

　　我一边说，一边用两只手比画着使劲压弹簧和释放弹簧的情景。对于炮弹的威力，明明只是在电影和电视节目中见识过，但是，对于弹簧的冲击力明明可是有亲身体验的，所以，我又举了一个弹簧威力的例子。明明一边听一边点头，看得出来，他应该大致明白了原子核"裂变"的过程。（为了让明明想象核裂变时每个原子释放能量的情景，我用明明熟悉的弹簧的"冲击力"这个不是很准确的类比来让明明感受释放的能力之大。）

　　图 4-14 给出了 ^{235}U 核裂变的示意图，当然，核裂变也会产生伽马射线等多种射线（图中未绘出），核裂变也不都是用 ^{235}U，比如原子弹"胖子"就是用钚这种物质作为原料的。

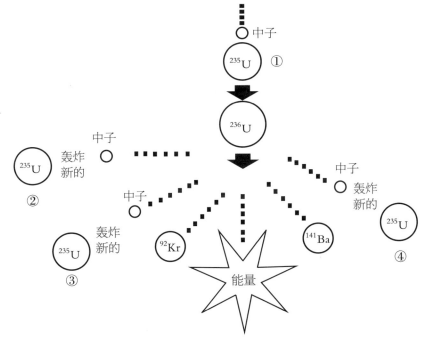

图 4-14　核裂变示意图

又停了一小会儿，我继续补充道："如果用这个'核裂变'去做核武器，像原子弹'小男孩'或者'胖子'那样，那么释放出来的能量就会摧毁一切跟它接近的物体。如果用这个能量去做发电站的能源，那么，^{235}U 就是这些发电站的燃料。"

明明看着图，脑子里回想着我刚才说过的话……

我停顿了几分钟，接着说："明明，你现在能大致明白原子核的'裂变'了吧，我们再来说说原子核的'聚变'吧！"

明明特别高兴地接受了我的建议。

"聚变从字面上的意思看是跟裂变相反的一种过程，实际上也的确是这样的。核聚变是小的原子核通过一定的作用，聚合成大的原子核，在聚合的过程中，要释放出一定的能量。最常见的核聚变是氢原子的聚变。小的氢原子通过核聚变，聚变成大的氦原子。在核聚变反应中，反应完成后，所有的氦原子的质量和比反应前所有氢原子的质量和要小一点儿，减少了的质量，变成了巨大的能量释放出来。这个能量比核裂变释放出来的能量还大很多。"

对核聚变简单解释之后，我又说："我画一个简单一点的核聚变示意图吧。"于是，我在白纸上画了如图 4-15 所示的原子核发生核聚变的示意图。

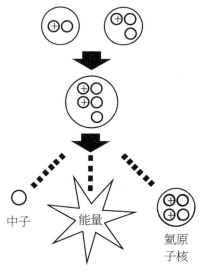

图 4-15　核聚变示意图 1

我指着图 4-15 左上角的原子核说："这是 1 个带有 1 个正电荷质子和 1 个中子的原子核。"

我又指着图 4-15 右上角的原子核说："这是 1 个带有 1 个正电荷质子和 2 个中子的原子核。通常情况下，它们是不可能合成同一个原子核的，因为这 2 个原子核都是带正电荷的，它们之间是相互排斥的，就像明明之前尝试过让磁铁极性相同的磁极靠近，极性相同的磁极总是相互排斥的，把它们放到一起，它们也会自己'躲开'彼此的。"

说到这里，我停了一下，抬头看了看明明，看见明明正在点头，感觉他应该是想起来以前玩磁铁的情形。

我接着说："当时，明明用两只手抓着两块磁铁，使劲让两个极性相同的磁极靠近，发生什么现象了呢？"

"两块磁铁可以接近一点，但无论我怎么使劲，也不能让两块磁铁碰到一起。"明明是这样回答我的。

"嗯，是这样的。那么，如果你和爸爸一起使劲压，会不会使两块磁铁距离更近一点呢？"我又一次向明明提出了问题。

"会的，我们使的力气越大，两块磁铁就会离得越近。"明明回答。

"那么，你是不是可以想象一下，如果有一股超级大的力量让两块磁铁靠近，并且，使磁铁靠近的力量大过这两块磁铁之间的排斥力，你说会怎样呢？"我继续问明明。

"我想这两块磁铁就会被按到一起了。"明明回答。

"嗯，我想也是这样的。"我说。

"现在让我们继续讨论原子。"我对明明说，"原子核都是带有正电荷的，所以，它们之间如果靠得太近，也会互相排斥，但是，如果有一股特别强大的力量，大到比原子核之间的排斥力还要大，这股力量把 2 个原子核往一起压，有没有可能把 2 个原子核压到一起？"我一边讲问题，一边跟明明互动。

"可以。"明明言简意赅地回答。

"如果力量再继续加大，原子核也被压破啦，这样 2 个原子核就变成了 1 个原子核，这时，原子核里面质子和中子的数量应该是原来 2 个原子核里质子和中子的数量之和。"我一边讲，一边在纸上画上 2 个箭头表示有两股力量在压两个原子核，如图 4-16 所示，同时两只手的手指也在示范使劲压的动作，两根手指碰到了一起，表示原子核被压到了一起，接着，我就指了一下图 4-16 中的带有 2 个质子和 3 个中子的原子核。

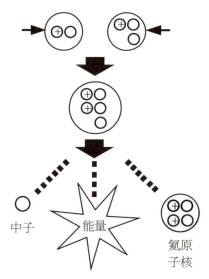

中子　能量　氦原子核

图4-16　核聚变示意图2

"但是，这个原子核并不稳定，它要变成有2个质子和2个中子的氦原子才能稳定下来，所以，这个带有5个质量数的'原子核'很快就变成了稳定的氦原子核和一个中子，当然还会有大量的能量释放出来。"明明跟我的思路跟得很紧，所以他基本上明白了我讲的核聚变过程。

"这个核聚变反应跟我国在1967年发射氢弹时的反应应该是一样的。"我提醒明明。

在这之前，我跟明明在中国国家博物馆的展览中见过中华人民共和国的"两弹一星"。当时，明明对"两弹一星"以及23位"两弹一星"元勋极其感兴趣。经我这么一提醒，明明更是显得兴致高涨，他把自己知道的关于"两弹一星"的知识又说了一遍，最后好像又想起来什么似的，说："妈妈，那1964年发射的原子弹是不是就是核裂变呀？"

"是呀。"我微笑地看着他，点了点头。

虽然，我已经给他讲解过关于"小男孩"和"胖子"的核裂变，但是，他能自己联想到我国发射的原子弹也是基于核裂变，这应该是孩子自己动脑筋想问题的表现，也是值得表扬的。

"明明，你知道吗，太阳的发光、发热也是氢原子核聚变的结果，但是，太阳上的核聚变跟氢弹的核聚变不太一样，主要区别在于氢弹中的氢是重氢（氘）和超重氢（氚），太阳上的氢就是空气中包含的最普通的氢（氕）。它们都属于氢，但又有不同。"我在纸上画上了如图 4-17 所示的氢（氕）、重氢（氘）和超重氢（氚）的原子核结构，让明明看有什么不同。

图 4-17　氢、重氢、超重氢的原子核结构示意图

明明仔细看了看，告诉我："妈妈，相同点是它们都有 1 个正电荷，不同点是氢（氕）没有中子、重氢（氘）有 1 个中子、超重氢（氚）有 2 个中子。"

我告诉明明："像这样具有等量的正电荷，但中子数不相等的原子，它们的很多特性都是相同的。我们在前面说的核聚变是重氢和超重氢发生聚合，就像妈妈前面画的那张图里表示的那样。太阳上的没有中子的氢也是可以发生核聚变的，而且最后也是通过核聚变反应变成了氦。"

"但是，妈妈，太阳上的氢没有中子呀，怎么能变成氦？"明明抢着说出了他的不解。

"在太阳上的核聚变过程中，有的质子变成了中子呀，但是，具体是怎么发生的反应，明明可不可以以后自己查一查资料，然后讲给妈妈听呀？"我给明明留了"作业"（我给明明留的作业大都没有时间限制，我没有期望明明马上能完成这项作业，等他可以自己理解了的时候再研究，与我分享。）。

明明很喜欢我给他的"挑战"，坚定地点了点头。

在提到氢（氕）、重氢（氘）和超重氢（氚）这三种氢元素同位素的时候，我没有提到"同位素"这个专业术语，也没有提到"元素"这个专业术语，仅仅说这属于"同一类"的原子。我甚至都没有提到"氕""氘""氚"这三个字，而是以它们更容易被理解的别名——氢、重氢和超重氢来替代。

这主要是因为：如果提出专业术语，就要给出相应的解释，如果一下子冒出这么多专业术语以及相关解释，以明明这个年龄段孩子的理解力是很容易混淆的，结果，可能让孩子听不懂，甚至失去对这些知识的兴趣。

4.2.3 化石的形成以及元素的衰变

关于明明提出的"科学家如何知道恐龙灭亡的年代"的问题，我整理出三个问题，第三个问题才和明明提出的问题本身有直接关系，前两个问题的内容是理解第三个问题的基础知识。既然明明已经有了相应的基础知识，那么，第三个问题应该好理解多了。

"明明，你知道化石是怎么形成的吗？"我问明明。

"知道呀，我在纪录片里看过。"明明回答。明明很喜欢看纪录片，并且通过观看纪录片学到了不少的知识。

"那你能不能给我讲一讲恐龙化石是怎么形成的？"我问明明。

既然他知道答案，我就让他给我讲讲，明明很喜欢显示他的"博学"。明明开始讲化石的形成：古代的动物死了以后被埋在土里，上面还会有一些沙子和石头，很多很多年过去了，埋在地下的动物尸体都腐烂了，但是这些动物的骨骼并没有腐烂。时间长了，这些骨骼就变成了化石。

明明讲述得清晰明了，让人一听就懂，我夸奖了明明，他咧开小嘴，嘿嘿地笑。

"那么，化石既然埋在深深的泥土里，那它怎么就会被挖出来呢？"我又向明明提出问题。停了有半分钟左右，明明还是没有吱声。

我提醒道："明明，你还记得我们之前去的石花洞吗？导游说过石花洞的位置之前是什么来的？"

"是大海，之后因为地壳运动，它才变成陆地的。"明明回答。

过了一小会儿，明明忽然说："我知道了，埋在地下的恐龙化石也是因为地壳运动被'运'到地面上来的，然后被人们发现了。"

"明明真棒！"我忍不住把他搂过来，在他的小脸上亲了一下。

我一边指着找到的岩石层的示意图，如图4-18所示，一边跟他说："在每一层的岩石里就只会埋葬对应年代的动物尸体。科学家看到对应岩层中的动物化石，就知道哪些动物是生活在哪个年代的了。"

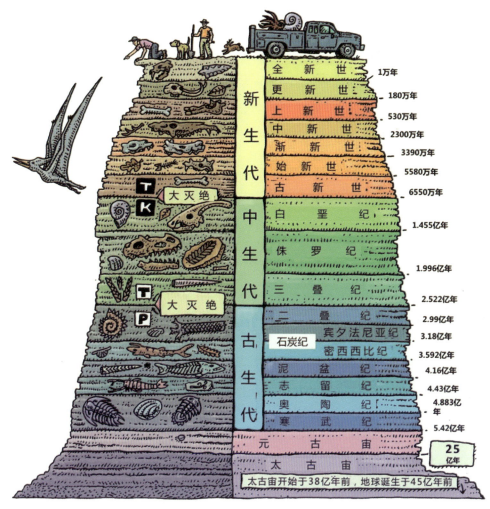

图4-18　岩石层示意图

"我们可以从岩层中看出来，哪些动物或者植物是生活在同一个时代的，但是，并不能据此知道那些动物生活的年代离我们现在有多远。"我继续说。

顿了顿，我接着说："原子核的裂变帮了科学家的忙。我们之前说过原子核要先吸收中子才有可能发生裂变，就是 1 个大原子裂变成了 2 个小一点的原子。但是，自然界中也有一些原子不需要吸收中子就能发生裂变[①]，这些原子会随着时间的推移而裂变，有些种类的原子裂变得很快，有些种类的原子裂变得很慢。比如，我们前面讲核裂变时提到的 ^{235}U，它有 92 个质子和 143 个中子，每隔 7 亿年，地层中所有的 ^{235}U 原子就有一半自发裂变成了另外一种原子，这种新的原子是含有 82 个质子、125 个中子的铅原子。当然还会剩下原来一半的 ^{235}U 原子。之后，再过 7 亿年，原有的铅原子没有变化，但是 ^{235}U 又少了一半。一直按照这种裂变规律持续下去。"我一边说着上面那段又长又难懂的话，一边在纸上画着图来帮助明明理解我说的话，如图 4-19 所示。

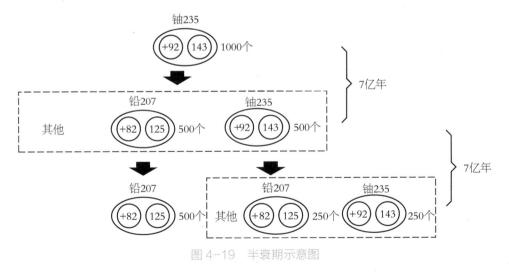

图 4-19　半衰期示意图

---

① 编者注：原子核裂变和衰变是不同的，在这里给孩子讲的时候，为了能让孩子更好地理解，我找到了两种现象的一些共同特性。就好像我们现实生活中砸杏仁儿，有时候砸的结果是两个大块加一些小碎渣，有时候砸的结果是一个大块加一些小碎渣。

明明一边看图，一边听我讲。我告诉他："不用特别想这些原子都叫什么名字，你能明白这种裂变的规律就可以。"这下看起来，明明好像明白了很多。看着他有些明白了，我提议我们一块计算一下一块岩层的年龄，明明欣然接受我的提议。

我提出了这样一个问题：如果有两块地层，一块里面含有 1000 个铀 235 原子、1000 个铅 207 原子。另外一块地层里面含有 1000 个铀 235 原子、3000 个铅 207 原子。你能推断出这两块地层距离现在的时间吗？我把这道题目的关键字都写在了纸上，如图 4-20 所示。

图 4-20　核裂变题目

明明拿着笔在纸上写着、画着，最后画出了如图 4-21 所示的图。

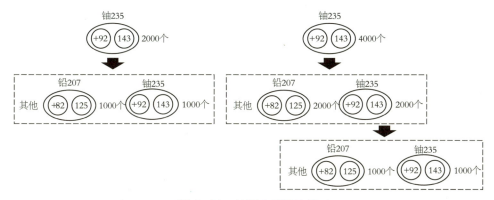

图 4-21　核裂变题目演算

明明给出的结论是第一块地层距今 7 亿年，第二块地层距今 14 亿年。我又补充说是大约 7 亿年和大约 14 亿年。明明连忙改口。我们都知道这个结论不是准确的，是推断出来的，不能直接说"是"，而应该说"大约"。

在明明解题的过程中，我观察到明明的图形都是从下往上画的。我问了明明原因，他告诉我：其实这道"考古"题目就是应用数学里面的"倒推法"解题的。我微笑地点点头，备感欣慰。最后我告诉明明，我们现在用的计算地层的方法仅仅是为了了解科学家如何推断出地层年龄的一种简单想法，真实的情况要比我们的计算复杂得多，如果明明想知道得更多，就需要自己努力学习了。明明表示理解。

在这部分中，我没有给明明讲"原子的衰变"和"半衰期"，还是用原子裂变和对应的时间来简单说明道理。我不希望这些专业术语妨碍明明对问题的理解。我想在未来，明明的知识更加丰富之后，对于这些专业术语，他一定能"自我"理解得很好。

4.3　恐龙的灭绝

　　明明很早就知道恐龙（这里指非鸟类恐龙）的灭绝是因为在距今约6500万年前，有一颗小行星或彗星撞击地球引起了地球大灾难。对于小行星或彗星撞击地球和恐龙灭绝这两件事情的关系，明明仅仅是"知道"而已，但是，那时候的他对不少事物或事情缺乏深入的思考。比如，我们今天的人类是怎么知道在距今约6500万年前有一颗小行星或彗星撞击过地球呢？小行星或彗星撞击了地球之后，怎么就让恐龙灭绝了呢？孩子们可能会对一些在他们的脑海里存在了很久的"事实"缺乏一种质疑精神。我一直认为质疑精神和独立思考能力对于孩子们的成长和未来都很重要，所以，有些时候，我会有意识地主动引导明明去质疑、去思考。

　　一天，我看见明明刚看完关于恐龙的纪录片，正闲着没事，就问他："明明，你知道恐龙是怎么灭绝的吗？"

　　"当然知道，在距今约6500万年前，有一颗小行星撞击了地球，引起了地球的大灾难，导致了恐龙的灭绝呀。"明明想都不想就能回答我。

　　我笑了笑，接着问他："那今天的人类是怎么知道在大约6500万年前有颗小行星撞击过地球呢？小行星撞击了地球，怎么就会让恐龙灭绝了呢？"我直接给他抛出了两个问题。

　　"那一定是科学家根据一些现象推断出来的。"明明没怎么思考就脱口而出。现在的明明已具备了一些简单的基本推理能力。

"你想不想知道科学家是根据哪些现象推断出恐龙灭绝的原因呢？"我继续问明明。

"当然想了。"明明回答。

很多时候，明明的求知热情就是被我的问题点燃的。"那我们一起查查资料，怎么样？"我向明明发出了邀请。明明非常高兴地接受了我的邀请。于是，我们两个人开始查找资料。

最后，关于行星撞击说，我们查到的资料大意为：1980 年，美国物理学家路易斯·阿尔瓦雷茨（Luis Alvarez）和身为地质学家的儿子沃尔特·阿尔瓦雷茨（Walter Alvarez）等人在距今约 6500 万年前的地层中发现富含铱的黏土层，铱含量是正常含量的 200 倍。因为铱在地球表面相当少见，在小行星或陨石中却大量存在，因此，科学家们假设该地层是因为小行星或彗星撞击地球而产生的，而一个巨大的小行星撞击地球很可能是恐龙等生物灭绝事件的原因。之后，在地球上许多地方也发现了铱含量异常，而且还发现了被认为是造成恐龙等灭绝事件的巨大撞击坑，即位于墨西哥的尤卡坦半岛的希克苏鲁伯陨石坑。这个陨石坑的名称，取自陨石坑中心附近的城市希克苏鲁伯。希克苏鲁伯在玛雅语中意为"恶魔的尾巴"。造成陨石坑的撞击物体，直径推测至少有 10 千米，这么大的天体撞击地球，绝对是一次无与伦比的打击。人类历史中最强的人造爆炸物是沙皇氢弹，而希克苏鲁伯撞击事件的能量是沙皇氢弹的 200 万倍，达 4.2×10^{23} 焦耳，在全世界所有已知爆炸事件中规模排名第一。撞击事件形成的陨石坑整体略呈椭圆形，平均直径推测有 180 千米，是地球表面最大型的撞击地形。2010 年 3 月 5 日，皮特·舒尔特（Peter Schulte）等研究人员在《科学》杂志上发表研究报告，确认在约 6500 万年前，一颗小行星撞击今天墨西哥境内的希克苏鲁伯地区是造成白垩纪–第三纪恐龙大灭绝的原因。行星撞击说在现阶段是恐龙灭绝原因的主流观点。

那为什么小行星撞击地球就能导致恐龙的灭绝呢？我们查到的资料大

意为：撞击事件会造成大量的灰尘和硫化物进入大气层，长时期遮蔽阳光，妨碍植物进行光合作用，而在食物链上层的食草动物（如以植物为食的食草恐龙）、食肉动物（如食肉恐龙）也跟着灭亡，造成整个生态系统的瓦解。

当然我们还查到了很多关于恐龙灭绝的其他假说。

火山爆发说：有学者主张造成德干暗色岩（Deccan Traps）的大规模火山爆发可能是恐龙灭绝事件的综合原因之一。大规模火山爆发喷出大量的灰尘和二氧化硫与二氧化碳等温室气体，灰尘使地表的日照量下降，植物的光合作用减少，二氧化硫与二氧化碳等气体可能增加了温室效应，许多植物因此而死亡，食草恐龙因没有食物而灭亡，而食肉恐龙也相继灭绝。

生态系统变迁说：2008 年，格雷姆·劳埃德（Graeme Lloyd）等人主张，蕨类植物和裸子植物被生存适应性更强、繁殖方式更好的被子植物（开花植物）所取代，从而造成白垩纪晚期恐龙多样性降低。在白垩纪早期以前，陆地的优势植物是裸子植物，如针叶树；在白垩纪中晚期，开花植物开始成为优势植物之一，但其地理范围有限。恐龙的粪化石显示，白垩纪晚期的大部分食草恐龙仍以裸子植物为食，只有少部分以开花植物为食。同时，食草昆虫、哺乳动物的物种数量迅速增加，显示它们已经适应以这种新形态植物为食。

除了上面的行星撞击说、火山爆发说和生态系统变迁说，还有气候变迁说、造山运动说、物种争斗说、海洋潮退说和物种老化说等。尽管有十多种假说，但是我和明明都支持行星撞击说，因为我们两个觉得这个假说的事实证据最多，最有说服力。当然我们两个也一致认为，这个假设也可能会修正。如果有新的事实和证据能证明恐龙灭绝另有其他原因，我们同样是可以接受的。所谓"科学"就是在不断地修正中前进，科学进步中所犯的"错误"都是为了更好地进步。对孩子而言，不单要掌握得到最终答案的方法，更重要的是在不断地质疑和思考中逐渐进步和成长。

5

让孩子通过认识事物本质去理解知识

很久很久以前，我们人类认为地球是平的。这是因为人们看到踩在脚下的大地是平的，湖里和河里的水面是平的，大地或水面与天相接的线也是平的，所以，那时候人们认为地球是一个平面。后来，开始有船只驶入大海。当船只从大海中归航时，人们发现先看见的是船帆，慢慢地，船越来越近，才看见船身，如图5-1所示，人们开始思考地球可能不是平的，而是圆的。后来，人们通过一系列的事实证实了地球是圆的。人类通过自己看到的事实去思考地球的形状，并最终理解了自己看不见真实全貌的地球是一个球体。

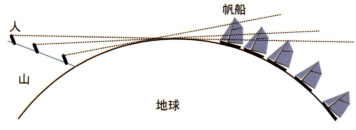

图5-1　人看帆船

小孩子小的时候喜欢什么都碰、什么都摸，然而，对于小孩子来说，有不少东西是比较危险的，如热水瓶。大人为了让孩子免于受伤，总是不停地告诉孩子热水瓶危险，不要去碰。但是，很快，大人们发现越是告诉孩子热水瓶危险，孩子就越想去碰一下，明明小时候也是这样。后来，我想出来了一个办法，把热水瓶瓶盖打开，把明明的小手放到热水瓶口的上面，热水瓶里冒出的热气很快"热"痛了明明的小手，他马上把小手缩了回来。从那以后，他再也不想自己去打开热水瓶了。明明认识到热水瓶的"威力"是通过他亲身感受到了热水瓶里的热气"热"痛了他的小手，所以，他懂得了热水瓶对于他是危险的。

在一个多世纪之前，人们普遍认为宇宙是稳定的，也就是说，宇宙既不会变大也不会变小，就连伟大的科学家阿尔伯特·爱因斯坦（Albert Einstein）也是这样认为的。他在自己提出的引力场方程里面引入了一个常量，用于表示宇宙是稳定的。后来，美国科学家埃德温·哈勃（Edwin

Hubble）发现恒星之间都在彼此远离，从而证明了宇宙是在不断膨胀的。爱因斯坦也通过哈勃发现的这个现象，理解了宇宙在不断膨胀这一本质，并修改了他的理论。

理解事物的本质特点，更有利于理解和解释一些与这种事物相关的现象。对于小孩子来说，认识和理解事物的本质特点，更有利于他们理解知识，并把相关知识融会贯通，更好地领悟和学习新知识。

5.1 水变成冰后为什么不会热胀冷缩？

明明很早就知道了物体有热胀冷缩的性质。比如说，他知道瘪了的乒乓球，用开水烫一下，就会鼓起来。这是由于乒乓球里的空气受热后体积膨胀，把原来瘪的地方顶起来了。他知道体温计里的水银随着温度的变化热胀冷缩而显示不同的刻度，人们就是利用这个原理来测量身体的温度是不是高于正常体温，从而知道自己是不是发烧了。他还知道在夏天的时候，他的足球的气不能打得太足，否则容易爆炸。

但是，有一样物质的热胀冷缩问题，我一直没有给他讲清楚，那就是水。水在变成冰的时候体积是变大了的，这个现象很容易观察到。用一只矿泉水瓶装上大半瓶水，标记好水面在瓶子上的位置，放到冰箱里冷冻，当水变成冰之后，从冰箱里面拿出矿泉水瓶，这个时候你会发现，冰的上表面高度是高于当初放入冰箱里水的上表面高度的。对于这个反常的"热缩冷涨"的现象，我一直没有找到合适的理由解释给明明听。直到有一天，我无意间在一篇文章中看到了水的分子结构示意图。图中的水分子都是紧紧挨在一起的，分子之间的距离很小，那时，我就联想到了水变成冰的"热缩冷涨"的现象，心想：冰的分子结构可能不会跟水的分子结构是一样的，那么，"热缩冷涨"是不是跟水与冰的分子结构有关系呢？于是，我就从网上找到了水和冰的分了结构示意图，如图5-2所示。图5-2（a）是液态水的分子结构示意图，图5-2（b）是冰的分子结构示意图。

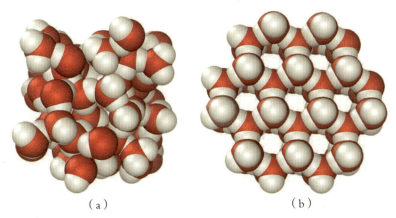

（a）　　　　　　　　　　　　（b）

图5-2　水和冰的分子结构示意图
（a）液态水；（b）冰

从图5-2中可以很明显地看出，水分子是比较紧密地排列在一起的，分子之间的距离比较小，而冰分子排列相对于水分子排列，不但看起来要规则得多，而且分子之间的距离也要比水分子之间的距离大很多。看到了这两张分子结构示意图，我感觉自己对于水变成冰的"热缩冷涨"现象终于可以有一个较为合理的解释了，我计划找个时间讲给明明听，也解答他心里的这个小小疑惑。

当然，为了把问题讲清楚，也是为了在讲解的过程中，让明明多一些了解其他知识的机会，我对于知识的讲解没有区分主次，想尽可能地把一些他能听懂的相关知识都讲给他听，让他在适当的范围内了解更多的知识。这一部分，我先讲解了分子组成万物、相同分子组成的物质特性不一定相同等与主题相关的内容，最后才引出水和冰的"热缩冷胀"这个主题内容。

5.1.1　分子组成万物

明明很早就知道"原子"这个名词。这是因为很早的时候，明明就知道了美国在第二次世界大战期间用原子弹轰炸了日本的广岛和长崎，后来我给他讲原子弹的时候，又仔细地给他介绍了原子的相关知识。其实，当时我在讲原子组成了万千世界的时候，已经向他提起过不同种类的原子或者同种类不同个数的原子按照不同的方式排列可以组成不同种类的物质。我所说的这一长段话其实就是在表达原子组成了一种新的微粒，叫作"分子"，而分子组成了不同的物质。当时担心明明仅仅听说过"原子"这个名词，对于原子的其他相关知识一点也不了解，而且原子本身的知识也是很抽象难懂的，就没有向他提起"分子"这一名词。但是，现在要讲水和冰的分子排列方式，必须要提到"分子"这一名词了，所以，我决定先让明明认识一下分子从何而来。

我对明明说："妈妈之前跟你说原子组成了世界上的物质时，跟你解释过，世界上仅仅有 100 多种原子，之所以这 100 多种原子能组成这么多物质，主要是当不同种类的原子按照不同的方式组合在一起的时候，就会组成一种新物质，组合方式多种多样，所以，物质也就多种多样，特征也是千差万别。"我一边说一边看明明的表情，能看得出来他对这个问题还是很感兴趣的，因为他的表情告诉我：他的思路跟着我说的话在走。

我接着说："科学家将这些由一些原子组合而成的微粒叫作'分子'。"我终于把"分子"这一名词说出了口。接着，我又解释，每种分子的名字就跟它所组成物质的名称相同，比如说，组成氧气的分子叫氧分子，组成水的分子叫水分子，组成二氧化碳气体的分子叫二氧化碳分子。

明明充满了疑惑，问："那世界上不就有太多种类的分子了吗？"

为了减少明明的疑惑，我马上回答他道："是呀！不同分子组成的物质是不同的，它们表现出来的特性也不一样。物质的一些特性就是由组成物质的分子的特性决定的。"（这里的特性指的是物质的化学特性。我在这里故意没有提"化学特性"，因为，现在讲化学特性、化学反应，估计又会给明明增加额外的负担，等孩子掌握了更多的知识之后，他应该会更好地理解这些概念的。）

接着，我又补充道："比如说，我们前面说的氧气分子组成了氧气，氧气是可以帮助物质燃烧的，因为氧气分子具有帮助燃烧的作用。二氧化碳分子组成了二氧化碳气体，而二氧化碳气体是不能帮助物质燃烧的，这个也是因为二氧化碳分子具有不能帮助燃烧的作用。"

因为明明在学校的实验中已经见识过氧气助燃，而二氧化碳不能助燃的特性，所以，我举了两个他比较熟悉的物质所具有的化学特性来说明问题，这样一来，他更容易接受。我接着解释道："一个一个的小小氧气分子组成了我们空气中的氧气，一个一个的二氧化碳分子组成了我们呼出来的二氧化碳气体。如果你拿一个特别高级的显微镜去观察氧气和二氧化碳气体，你就会发现氧气中到处充满了氧气分子，而二氧化碳气体中充满了二氧化碳分子，就像这样……"我一边说着，一边在纸上分别画出了想象的放大的氧气分子和二氧化碳分子组成的气体，如图5-3所示（这里面的气体都是画的纯净气体。实际上，气体的分子排列不会像图中所示的这样整齐）。

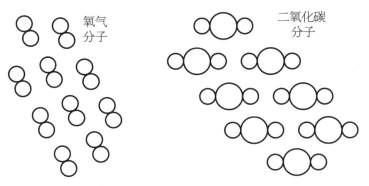

图 5-3　由氧气分子和二氧化碳分子组成的气体示意图

我先指着图 5-3 中左边的氧气分子，解释说："这两个小圆圈就代表一个氧气分子，其中，一个小圆圈代表的是一个氧原子，这表明一个氧气分子是由两个氧原子组合而成的。"

我又指着图 5-3 中右边的二氧化碳气体分子，说："一个大一点的圆圈带着两个小一点的圆圈组成了一个二氧化碳的分子，其中，大圆圈代表的是碳原子，两个小一点的圆圈代表两个氧原子，一个二氧化碳分子是由两个氧原子和一个碳原子组合而成的。"（图中碳原子比氧原子个头大，不表示碳原子质量比氧原子质量大）

"所以，它才叫'二氧化碳'的，因为它是由两个氧原子和一个碳原子组成的。"明明在一旁赶忙说出他的想法。

我马上停下来拍拍他的头，又揪了一下他的小鼻子，表示非常赞成。他做了一个鬼脸表示对我的回应。

"氧气的特性来自氧气分子的特性，所以，氧气这一物质的名字与氧气分子的名字是一样的。"我刚说完。明明马上接着说："那么，二氧化碳气体分子的名字与二氧化碳气体同名也是因为二氧化碳气体分子决定了二氧化碳气体的特性。"

"理解到位！"我对明明的表现甚是满意。

我又做了进一步的引申："那么，氧气和二氧化碳气体里面都是含有氧原子的，但是它们的特性却不相同，这是为什么呢？"

明明马上回答："那是因为分子的特性决定了物质的特性（明明不知道'化学特性'这个名词的存在，所以他没有提化学特性，但从上面的讨论中可以看出来，他所表达的物质特性指的就是化学特性），而原子只是组成了分子而已呀。"

5.1.2 相同分子组成的物质特性一定相同吗?

"相同的分子组成的物质特性一定相同吗?"我问明明。

"那当然是了,分子决定了物质的特性呀。相同分子组成的物质的特性当然是相同的呀,就像氧气分子组成的氧气,二氧化碳分子组成的二氧化碳气体一样。"明明自信地说。

"嗯。"我顿了一下,接着提问,"如果给你几块相同的积木块,你可以拼出多少种图形呢?"

"应该能拼出不少种吧? 这得看你都给我什么形状的积木块了,而且我也得试试看呀。"明明回答。

"我给你六块完全一样的长方体形积木块,你试试在纸上画画,看看能拼出几种图形,怎么样?"我征求明明的意见。

明明点点头,就开始在纸上画起来。不一会儿的工夫,明明就画出了将近十种拼法,我赶紧喊停。图5-4中给出了一个长方体的立体图和它的俯视图、右视图和主视图。明明只是画一些较为简单的图,如按照图5-4中相应的视图来画的话,图5-5中给出了四种不同的堆放方式。

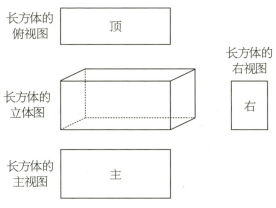

图5-4 长方体及俯视图、右视面和主视图

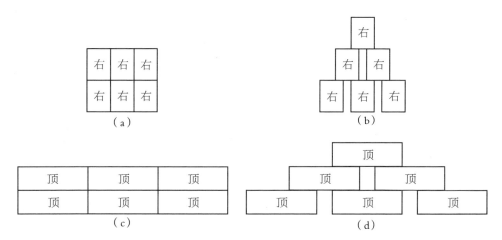

图 5-5　长方体不同的堆放方式

指着明明画出的、用六块相同的积木搭出的不同图形，我对明明说："几块相同的积木，因为彼此之间的排列方式不同，就会呈现出不同的图形，那么相同的分子会不会也因为排列的方式不同，而使物质呈现出不同的特性呢？"

明明眨了眨他的小眼睛，想了一下，说："我想是会呈现出不同的特性。"

我点点头，告诉他，我也是这么认为的。接着，我对明明说："我知道世界上有两种东西，它们是由相同分子组成的，但是看起来却是完全不同。一种是妈妈手上戴着的戒指上的钻石，另一种是明明写字用的铅笔的笔芯。"

明明睁大了眼睛，看着我。他觉得这太不可思议了——虽然形状相同的积木用不同的排列方式可以搭出不同的图形，它们看起来相差也不是太大，但是，钻石和铅笔笔芯，可就相差太大了。一个晶莹剔透，是宝贝，很贵；另外一个黑黑的，是他自己每天都用的铅笔的笔芯，很便宜。它们真的是由同一分子组成的物质吗？明明心里充满了不解。"妈妈，它们真的是由同一种分子组成的吗？"明明终于还是向我提出了他的疑问。

我笑着对明明说："钻石和铅笔笔芯真的是由同一种分子组成的物质，它们都是由碳分子组成的。钻石和铅笔笔芯呈现出不同的特性是因为它们的分子排列方式不同。"

我在网上找到了钻石（金刚石）和铅笔笔芯（石墨）的分子排列示意图，图 5-6 给出了金刚石的结构模型，图 5-7 给出了石墨的结构模型。网上是这样介绍这两种结构的：金刚石的结构模型中每个碳原子都与周围的4个碳原子通过强烈的相互作用紧密结合，紧密结合的2个碳原子之间的距离约为0.155纳米，从而形成致密的三维结构，正是这种致密的结构，使得金刚石成为天然存在的最坚硬的物质；石墨是层状结构，就一个片层而言，每个碳原子会与其周围的3个碳原子通过强烈的相互作用紧密结合，紧密结合的2个碳原子之间的距离约为0.142纳米。

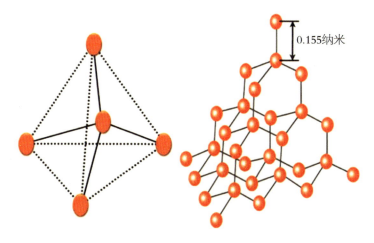

图 5-6　金刚石的结构模型

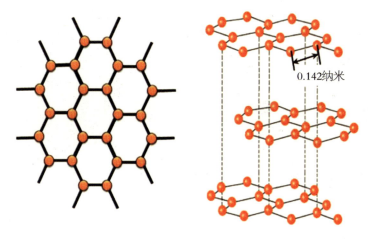

图 5-7　石墨的结构模型

明明看见这两张图后，又有了疑问："妈妈，几个碳原子组成一个碳分子呀？"

我很鼓励明明爱提问题的好习惯，能提出问题，证明他在思考。我告诉明明有些分子是由单个的原子构成的，像"碳"就是一个原子构成一个分子（其实有些时候，碳也可以由更多原子组成一个分子。这里我主要讲金刚石和石墨，它们都是由单个碳原子组成的，为了保持与分子称呼的一致性，我也称这里的碳原子为碳分子）。停了一小会儿，我又指着两张结构模型图对明明说："明明你看，钻石的分子排列和铅笔笔芯的分子排列有什么不同呢？"

明明仔细观察了一会儿，说："铅笔笔芯的分子是一层一层排列的，每层的分子又排列成许多个像蜂窝一样的正六边形。钻石的分子……"明明有点语塞。

我看出了明明的为难之处——他应该没有看出来钻石（金刚石）的分子排列规律。为了让明明更加容易看出钻石（金刚石）的分子排列方式，我又从网上找到了金刚石的立方体结构模型图，如图5-8所示。图5-8中的几个分子连接起来，组成了一个个正四面体。

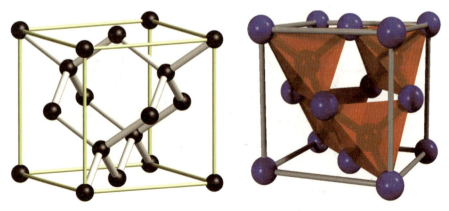

图5-8　金刚石（钻石）的立方体结构模型

明明看着这些正四面体，又对照着图5-6仔细地观察了一会儿，终于看出点门道。他说："每个钻石分子都与它周围的3个钻石分子组成1个正四面体。"

"嗯，是这样的。"我肯定了明明的想法。

"其实就是因为钻石的这种结构才使得它特别的坚硬，而铅笔笔芯（石墨）的分子排列中每层的距离较大，所以它很容易断开。你写字的时候，铅笔笔芯分子就一层或者几层掉下来，你说是不是？"我笑着对明明说。

明明却很严肃地说："是的，妈妈。钻石那么坚硬，也是因为它的每三个分子组成一个三角形，三角形所具有的稳定性才让它那么坚固的。"

"真不错，学到的知识能灵活应用呀！"我夸奖道。

听了夸奖，明明也咧开小嘴笑了。

明明理解了即使分子中的原子种类和数目都相同，但是分子的排列方式不同也会使物质呈现出不同的特性。之后，我决定开始和他讨论"水"从液体状态的水变为固体状态的冰，为什么体积会变大。"明明，很久之前，你是不是问过妈妈，为什么水变成冰体积还增大了？这个不符合物体热胀冷缩的性质。"我引出了话题。

明明想了想，说："是有这么一回事，但是，你一直也没告诉我原因呀。"

"是的，妈妈确实没告诉你原因。这是因为妈妈之前也不知道为什么水变成冰，温度降低了，体积反而还增大了。"我解释道。

"但是，我想我现在知道原因了，所以想和你一起讨论一下。"我继续解释。

"那好呀！"明明很愿意和我一起讨论问题。

"水和冰都是由水分子组成的，这个你知道吧？"我问明明。

"嗯，我知道。"明明点点头。

"水和冰虽然都是由相同的分子组成的，但是根据科学家研究的结果，水和冰的分子排列是不同的。"我直接告诉明明水和冰的分子排列不同。

明明听了我说的话，没有什么反应。于是，我把从网上找到的水和冰的分子结构示意图展示给明明看，如图5-2所示。

明明仔细看着两幅图，没有说话。过了一会儿，他忽然叫起来："冰的分子之间的距离要比水的分子之间的距离大，所以水变成冰时，体积要增大。"

我赶紧给了明明一个大大的拥抱，"真是太棒了！"

我告诉明明：水变成冰，物质的状态发生了改变，即从液态变成了固态，更为关键的是物质的分子排列方式也发生了改变。水和冰是同一种物质，就像钻石（金刚石）和铅笔笔芯（石墨）是同一种物质一样。与钻石（金刚石）和铅笔笔芯（石墨）的分子排列方式之间的差别相比较，水和冰的分子排列方式之间的差别不算大，而且它们之间的转换也相对较为容易，水冷却到零摄氏度以下就变成冰，而冰加热到零摄氏度以上就变成了水。钻石和铅笔笔芯的分子排列方式差别相对较大，转换要困难得多。可见，物质的分子排列方式非常重要，它可以使同一种物质看起来是两样东西，如钻石和铅笔笔芯，也可以使水在变冰的过程中不会"热胀冷缩"。（本章节所讲的物质特性是指物质的物理性质。为了便于理解，这里我把分子的不同排列方式等同于分子的不同结构，实际上分子结构还包括分子内部的键等特性。）

5.1.3　水和冰真的是"热缩冷胀"吗？

物体有热胀冷缩的性质，这一点我们大家都比较清楚。水变成冰，物体变冷了，但是体积却变大了；冰变成水，物体的温度升高了，但是体积却变小了，这是因为水的热胀冷缩特性不同于其他物体吗？答案当然是否定的。通过前面的解释，我们已经清楚地了解到，因为分子排列方式的改变，所以直接在水变成冰或者冰变成水的过程中应用热胀冷缩的特性是不合适的。但是，对于单纯的"水"，或者单纯的"冰"，它们各自本身是不是具有"热胀冷缩"的性质呢？我和明明还是比较好奇的，想知道真实的情况如何，于是，我和明明决定用实验方法来验证一下。

对于水的热胀冷缩现象，我们做了大致如图 5-9 所示的实验。

我和明明在家里找到了一个带橡皮塞的小塑料瓶子，在橡皮塞上钻一个小孔，沿着这个小孔，把一根吸管插到橡皮塞里，吸管与橡皮塞之间是紧密贴在一起的，不会漏水漏气。在小瓶子里面装满水，用插有吸管的橡皮塞塞住瓶口。在用橡皮塞塞瓶口的过程中，有一部分水跑到了吸管中，也就是说水平面的高度要高于小瓶子的高度（水里没有气泡）。然后，在两个容器中分别倒入常温水和温度比较高的热水。当明明把小瓶子浸入常温水时，吸管中的水柱几乎没有动；但是，当明明把小瓶子浸入热水时，吸管中的水柱会往上升。也就是说，因为小瓶子和吸管中水的体积变大了，所以吸管中的水平面上升了。当明明再次把小瓶子放入常温水时，吸管中的水平面又下降了。通过这个实验，我们得出了这样的结论：**温度升高时，水体积会变大，温度降低时，水体积会变小。**

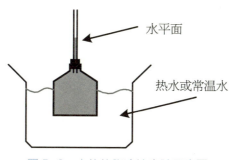

水平面

热水或常温水

图 5-9　水的热胀冷缩实验示意图

我们也计划用同样的实验方法来验证冰的热胀冷缩现象。我们把在水热胀冷缩的实验中用的小瓶子连带吸管一起放到冰箱里面冷冻起来。考虑到水变成冰体积会增大，我们反复冷冻了好几次，费了相当大的力气，才冻出了瓶子里的冰是满的，吸管里面也有一些冰的实验装置。于是，我们满心欢喜地开始了我们"伟大"的冰的热胀冷缩实验，但是，我们怎么也做不出来想要的实验结果。

我仔细分析了实验失败的原因。水是液体，可以随意流动。温度升高，体积增大，增大的"体积"会顺着吸管往上推，吸管里的水面就会上升。通过吸管里水面的上升或下降，我们很容易判断出水的体积是增大还是缩

我陪孩子学数学和科学

小（因为吸管里的水面变化对应的是小瓶里的水和吸管里的水的共同变化）。冰就不同啦，冰是固体，不能随意流动。小瓶里面的冰体积增大了，它只会把小瓶撑大（当然小瓶本身也会有热胀冷缩的特性，如果它的热胀冷缩能力不如冰，同时又缺乏弹性的话，小瓶本身就可能会被冰撑破。我们这个实验的温度变化不太大，而且塑料瓶子本身也是有一些弹性的，所以小瓶没有被冰撑破）。吸管里的冰太少，即使它的体积确实因热胀冷缩而发生了变化，我们用眼睛也很难觉察。所以，我们很难通过吸管内冰面的变化来判断冰的体积是否发生了变化。

我把上述我的分析过程讲给明明听，明明听得很专注，也明白了实验没有成功的原因。同时，我给明明讲了我的分析：冰的温度升高，它的分子就具有了更多的能量（在做这个实验之前，我跟明明分析过气体的热胀冷缩现象，主要就是当分子的温度升高时，它的能量也会增加，它也会越来越愿意运动，就需要更大的空间。就像小朋友的能量多时，也会需要更大的空间跑来跑去一样），就需要更大的空间，也就是体积增大了。因此，从理论上讲这个实验是可以成功的。

我们又从网上查到了冰的线膨胀系数为 51.0×10^{-6} / 摄氏度[1]。我们的理解为对于长度为 1 米的冰柱，如果温度变化 1 摄氏度，长度变化为 0.000051 米，即 0.051 毫米。也就是说，对于 1 米长的冰柱，即使温度变化 10 摄氏度，长度也只变化 0.51 毫米，太小啦，我们的实验很难成功。

虽然以我和明明目前手头上简单的实验设备应该是没办法明显地看到冰的热胀冷缩现象，但是我们还是约定：在未来的某个时间，我们两个人不论是谁有条件，可以用实验看出冰的热胀冷缩现象，都要把这个实验做出来，并展示给对方看，或者录制下来发给对方看。

虽然我们没能成功完成冰的热胀冷缩现象实验，但是我想，在条件不具备的时候，可以通过分析、思考和推理去完成一些实验。伽利略·伽利

[1] 零摄氏度冰的线性膨胀系数是 51.0×10^{-6} / 摄氏度，我们做实验的冰是从冰箱里冷冻室拿出来的，大约在零下十多度，线膨胀系数约等于 51.0×10^{-6} / 摄氏度。

雷（Galileo Galilei）的斜面实验就是一个非常好的理想化实验，通过思想实验得出相应的结论：在理想情况下，如果表面绝对光滑，物体将以恒定不变的速度永远运动下去。我们也需要培养孩子，使他们具有这种通过归纳、思考得出结论的能力。

经过一系列的研究、实验和思考，我和明明终于明白了水变成冰的"热缩冷胀"原因，并且得出了下面几条结论。

（1）水变成冰，体积会增大。但这不是"热缩冷胀"，水变成冰时，分子的排列发生了变化，分子之间的距离增大了，导致体积增大。反过来，冰变成水，分子之间的距离减小了，所以冰变成水，体积会变小。

（2）冰在固体状态下①，温度升高，体积会增大；温度降低，体积会减小。也就是说，冰具有热胀冷缩的性质。

（3）水在液体状态下（我们是在常温下做的实验，也就是高于4摄氏度环境下。我们刻意避开了0~4摄氏度这一温度范围，这是因为水在4摄氏度的时候，体积最小，密度最大。水的密度由水分子的缔合作用、水分子的热运动两个因素决定，当温度超过4摄氏度时，水分子的缔合作用减弱，水分子的热运动增强，热胀冷缩的现象就会正常出现。对于明明来说，我觉得目前需要了解的是热胀冷缩现象的知识，更深入的知识有待他在未来的学习中继续探索），温度升高，体积会增大；温度降低，体积会减小。也就是说，水具有热胀冷缩的性质。

---

① 我和明明做实验的冰是从冰箱里的冷冻室拿出来的。

5.2 激光威力为什么那么大？

　　明明曾经在电视节目中见识过激光的威力：在一档综艺节目中，主持人打开激光灯，对着整齐排成一列的气球照过去，一瞬间，这列气球全部爆炸；主持人用激光灯对着火柴杆一照，火柴杆立刻在激光照过的地方断裂。明明也曾在军事节目中见识过不少激光武器的威力。因此，在他小小的心里，他认为激光是一种拥有超强能力的神秘武器。那个时候，他根本没有想过激光能与我们生活中常见的普通光有什么关系。后来，当他听说有个小朋友有一支激光笔时，明明忽然觉得激光并不像他想象的那样神秘。那么，激光到底是什么样的尖端武器呢？带着这个疑问，明明跑过来问我："妈妈，激光是什么样的光呀？为什么会那么厉害？"

　　"从本质上讲，激光与我们家的电灯发出来的光应该是一样的。但是，激光那么厉害，它和电灯发出的光还是有些不同的。我们一起来找一找，它们有什么不同，好不好？"我先给明明说明了激光的本质，然后又抛出了一个疑问，并邀请他一起研究，明明欣然接受邀请。

　　"我们先来看一看一些被激光照射过的物体变成了什么样子，好吗？"我给出建议。我计划先让明明观察一下被激光照射过的物体受到的"伤害"，看看他是否能从中找到一些蛛丝马迹，以帮助我们在总结激光的特点时提供依据。

　　我和明明一起在网上观看了几个激光照射物体的视频，无一例外，这些视频都充分显示了激光的强大威力：激光照射气球，气球瞬间爆炸；激光照射火柴杆中部，火柴杆被拦腰截断；激光照射比萨饼，比萨饼被刺穿，并留下一个小洞；激光照射生肉，生肉被刺穿，也留下一个小洞。我们仔细观察被激光照射过的物体，它们几乎都留下了相同的痕迹——被烧焦的小洞。图5-10分别给出了被激光照射过的气球、被激光照射过剩下的半截火柴杆、被激光照射过的比萨饼以及被激光照射过的生肉。

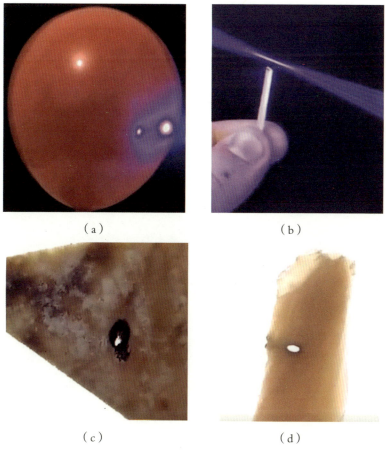

（a）　　　　　　　　　　　（b）

（c）　　　　　　　　　　　（d）

图5-10　被激光照射过的物体

（a）被激光照射过的气球；（b）被激光照射过剩下的半截火柴杆；
（c）被激光照射过的比萨饼；（d）被激光照射过的生肉

我让明明观察这些物体被激光照射后都发生了什么样的变化。明明仔细观察了这几张图片之后，告诉我："妈妈，我发现被激光照射过的物体上面都留有一个被穿透的小'眼'，而且小'眼'的周围还有点儿被烧焦了。"

"嗯，观察得很仔细。"我首先肯定了明明的观察结果，接着我故意问明明："我看见火柴杆被烧断了，是不是因为火柴杆遭受到的激光破坏更大一些呢？"

明明又仔细观察了被激光烧断剩下的火柴杆，想了一会儿，说："我想火柴杆上烧的也是一个小'眼'，只是火柴杆太细了，所以，这个小'眼'就把它折断了。"

我对明明的回答很满意，高兴地点了点头。接着，我又问："那么，为什么被激光照过的物体上面都留有一个小'眼'呢？"

明明回答说："我想这个小'眼'是激光用自己的能量打穿的。"

明明的回答越来越严谨和清楚啦，在他头脑中，激光一直是具有极高能量的东西。我又问："明明，你是否注意到，被穿透的小'眼'周围还有一圈黑色呢？"

"我当然注意到了。"明明很自信地回答。

"那你知道为什么小'眼'周围会是黑色的吗？"我继续追问道。

"我想应该是激光'喷'出了像火一样的光，把气球、火柴杆、比萨饼，还有生猪肉都给烧了个小窟窿，那个小窟窿周围肯定也被烧了一点。"明明解释道。

"所以，你的意思是周围的黑圈也是被烤煳的，对吗？"我顺着明明的逻辑帮他解释。

"是的，妈妈。"明明点头，对我的补充表示肯定。

"那么，除了这个小'眼'，还有小'眼'周围被烤煳的一圈东西，被激光照射过的物体还受到其他伤害了吗？"我进一步提出了问题。

明明又仔细观察了这几张被激光照过物体的图片，然后摇摇头说："没有。"

"那就是说，被激光照过的物体，只在一个点上受到伤害，其他的地方完好无损，对吗？"我把我们之前观察到的现象做了一个简单的总结。

明明点点头。

"那么，也就是说激光在照射物体时把它所有的能量都集中到一个点上了，对吗？"我对上面观察到的现象做了进一步的引申说明。

明明继续点了点头。

"那么，激光是怎么把它的能量都集中到一个点上的呢？"我开始把问题往更深入的地方引。

明明没有回答我，但我看得出来他也在动脑筋想问题。

"灯泡之所以能够照亮房间，是因为灯泡发出了一种叫作'光子'的小粒子，是光子把光亮带到了房间里。"我抛出了"光子"这个新名词，等待明明提出新的问题。

果然，明明有点迷惑了。之前，他知道了原子的存在，知道了世间万物都是由原子构成的。那么光子又是什么呢？它跟原子有关系吗？如果有的话，又是什么关系呢？这一连串的问题让明明紧锁眉头。"妈妈，光子是什么呢？它与原子有什么关系呢？"真是知子莫若母，我果然猜到了明明的新问题。

我笑着说："光子和原子是不一样的两种粒子，你知道的原子是由原子核和核外电子组成的，原子核由质子和中子组成，我们人类可以通过非常高级的显微镜看到原子的存在，是吧？"

"嗯，是的。"明明点点头，回答道。

"光子是一种没有任何结构的小'点'，也就是说，它是不包含任何东西的，它是基本粒子。"我简单解释道。

"但是，光子与原子是有关系的。那么是一种什么样的关系呢？"我抛出了问题，同时在纸上画上了原子核及核外电子的分布示意图，如图5-11所示。

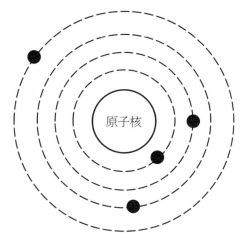

图 5-11　原子核及核外电子的分布示意图

我接着说："妈妈之前跟你讲过原子核中有多少个正电荷，核外就吸引同样多个电子，这件事情，你还记得吗？"

"记得，妈妈。"明明很有信心地回答我。

"核外电子是按不同区域分布的。因为它们都是绕着原子核运动的，所以，核外电子的活动区域是环形的，也就是说，是一圈一圈的。"说着，我又在刚才的核外电子分布示意图上，沿着我画的圈用笔描了几下，表示电子的分布情况（电子在核外运动不是圆周运动，它的运动轨道也不是真实存在的，我们所画的电子运动的环形"轨道"，实际上是电子在不同的近似环形的区域出现的概率组成的环形，为了让明明暂时能明白这个电子跃层的道理，我就简单把电子的运动情况描述成一圈一圈的）。

"那么，什么样的电子在离原子核近一点的地方运动，什么样的电子又在离原子核远一点的地方运动呢？"我又一次提问。

只见明明直直地瞪着眼睛，看着我画的图，没有任何反应。

"核外电子具有的能量是不同的，有的能量高一些，有的能量低一些。能量高一些的电子在离原子核远一点的轨道上运动，能量低一些的电子在离原子核近一点的轨道上运动。"我自问自答道。

看见明明还是没有什么反应，我又解释道："你还记得我们一起做过物体做圆周运动的实验吧（本书未提及）。当时，你也是测试过的，物体在大圈上做圆周运动所需要的向心力要比在小圈上做圆周运动所需要的向心力更大一些（约定具有相同的角速度）。我们是不是可以理解为在大圈上做运动的物体需要的能量大，所以，在大圈上做运动的电子需要具有的能量大，否则它就得到小圈上去做运动？"这当然不是一个很恰当的比喻，因为电子不是绕着原子核做圆周运动的，但这个比喻能让明明大致理解问题。

"其实，在大圈里面做运动的电子是很不稳定的，它们总想使自己变得更稳定一点，也就是到小圈里面来做运动。物体都会追求稳定状态，就像如果你站在高高的梯子上，有人拿竹竿捅你一下，你很有可能站立不稳，从梯子上掉到地上，会摔得很疼。但是，如果你站在地上，有人拿竹竿捅你一下，你可能不会因站立不稳而摔倒，就算一不小心摔倒，也不会像从高处摔落那样疼痛。"为了解释电子从高能级跃迁到低能级，我做了这样一个简单的类比。

明明也从我的类比中，大致明白了电子有跃迁的需求。我接着说："电子从大圈跑到小圈，能量是减少了的，因为在小圈上运动就不需要那么多能量了。那么，减少的能量去了哪里呢？就是变成了光子发射出来。"我自问自答，终于把光子的由来给明明大致说清楚了。

明明静静地停了一会儿，然后才露出了笑容，告诉我他明白了。看得出来，在我用语言加画图，再加肢体动作的配合下，他应该是大致明白了光子的由来。

"是不是只有像灯泡这样的物体才能发出光子呢？"我又一次提问明明。

"应该是的。"明明回答道。

我走到电灯的开关前，用手按了一下开关，电灯熄灭。我问明明："你看见有光线或者说光子从灯泡上发出来了吗？"

明明回答："没有。"

"那什么时候，光才能从灯泡里发出来呢？"我又问。

"通电的时候。"明明的回答言简意赅，但不是我想要的答案。

我继续引导道："明明，你小时候因为好奇，摸过通了电的台灯，结果手被烫了一个小包，你还哭半天，还记得吗？"

明明不好意思地说："记得。"

"那么，通了电的灯泡会发热，更多的电子因为吸收了更多的热量，跑到了更大的圈中运动，而它们又想回到小圈上运动，这样才发出了光子。你想想，是不是这么回事。"

我自己把答案先说出来，然后再跟明明一起讨论。因为，以明明现有的知识是很难自己独立想清楚这样的问题的。温度高的物体能量高，这个道理很好理解，他很快接受了这个"理论"。可是，过了一会儿，明明好像又想起了什么，问我："妈妈，是不是只有温度很高的物体才能发光？"

"也不是呀！你也是可以发光的。"我毫不犹豫地否定了明明的想法，既然他问到了这样的问题，我就顺便把可见光和不可见光的知识给他大致讲一下。

"我也是可以发光的，那我怎么没有看出来呢？"明明十分惊讶。

"根据我们人类是否看得见，光被分成了可见光和不可见光。你发出的光就是人类的眼睛看不见的，但是，可以被人类制造的设备检测出来。"我继续解释。

明明睁大了眼睛看着我。我继续我的解释："你是否还记得上次你在中国国家博物馆看展览的时候，触发了报警装置的事情？"

有一年暑假，我带明明去中国国家博物馆看展览，明明因为想近距离观看一幅画，触发红外线报警装置，还引来了工作人员，弄得明明很是尴尬。这是一件不算光彩的事情，明明当然记得。我这一提醒，他不好意思地笑着低下了头，算是承认还记得这件事情。

"因为你发出的'光'被那个报警装置'发现'了，所以才报的警。"我继续我的说明。

"电子在不同的轨道（圈）之间跃迁放出的能量是不同的，也就使得发出的光子类型是不同的，有的是可以让我们人类看得见的光子，就像灯泡通电后发出的光子，有的就是我们人类看不见的光子，就像你发出的光子。"我一边解释还一边在示意图上比画着电子的跃迁：从第四层跃迁到第三层；从第四层跃迁到第二层；从第二层跃迁到第一层。我画出来光子产生的示意图，如图 5-12 所示，以便尽可能地让明明大致明白其中的道理。看着明明的表情从严肃到欢快，我知道他应该是大致理解了。

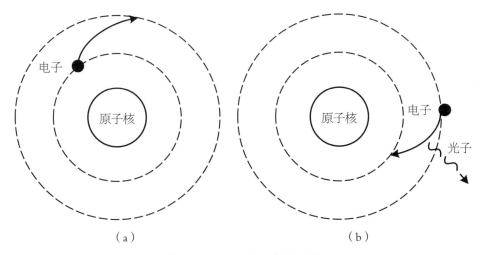

图 5-12　光子的产生示意图

（a）电子吸收了能量，跑到外层；（b）电子从外层跑到里层，发出光子

给明明讲一些小知识、小原理的时候，我的目的性不是太强，总是问到哪儿讲到哪儿，想到哪儿讲到哪儿。这样他没有压力，也觉得比较有趣，而且在无形中了解了不少知识。我们都比较喜欢这种交流方式。

讲明白了光子，我们继续"激光"话题。"灯泡通电后发出的光，太阳发出的光，以及激光发出来的光，是不是也是由许许多多的光子组成的呢？"我问明明。

"嗯。"明明仔细地听着我说的话，顺着我的思路思考着，认真地点点头。

"灯泡通电后之所以会照亮周围，太阳之所以会照亮周围，是因为什么呢？"我进一步提问。

"应该是它们发出来的光子照亮了周围。"明明回答。

"嗯。"我点点头，肯定明明的回答。

"那么，灯泡通电后发出来的光子是怎么照亮整个屋子的？太阳发出的光子又是怎样照亮地球的？"我又提问。

"灯泡通电后和太阳发出的光子应该是向着四面八方跑的，所以，它们把很多地方都照亮了。"明明回答。

我说："差不多是这个意思，虽然灯泡和太阳发出的光子向着各个方向，但它们不是到处乱跑的，它们是沿着直线跑的。你看，被椅子挡住的地方基本是黑暗的。"我指着角落里一把椅子的下面说（根据爱因斯坦的广义相对论，任何物质都会造成时空弯曲。这种弯曲在大质量物质周围会更明显，比如在太阳或是黑洞等大质量天体周围，由于它的强引力，光线会发生偏移。而在我们日常的生活中光线看起来都是沿着直线传播的）。

明明顺着我手指的方向看了看，然后点了点头。

"光子只要不碰到遮挡物，就沿着直线跑。当然，如果遇到遮挡物，它们也会被弹回来，就像弹力小球撞到墙上又弹回来似的。"我继续解释道（这里跟明明讨论的是光的粒子性）。

"那么，你能观察一下激光发出的光子是怎么跑的吗？"我又向明明提出了要求。

然后，我又打开了刚才看过的视频，我和明明再次观察激光的发光情况。看完视频后，明明告诉我："我感觉激光发出的光子都是沿着一个方向跑的。"

"是的，我看到的也是这样的。而且我发现激光发出的光子只是在一个非常狭窄的跑道上跑，就像是它给物体刺出来的洞那么狭窄的跑道。"我一边补充一边用手比画了一个细小的洞。

明明又看了看被激光照射到的物体上留下的洞和屏幕上激光的光束，点了点头。

我在纸上画了一个激光发出光子的示意图，如图5-13所示，又画了

一个普通灯泡通电后发出光子的示意图，如图 5-14 所示。我指着图 5-13
中激光发射光子的示意图，说："我把激光发射出来的光线都放大到光子可
以被看得见的大小了，看得出来，它们整整齐齐就排成一列。当然实际中，
不会只有一列光子，应该有好多列光子，它们都是那么整整齐齐地排列成
一列一列。"

图 5-13　激光示意图 1

图 5-14　灯泡通电后的光示意图

为了让明明理解得更清楚，我又画了一束由多列光子组成的光线，如
图 5-15 所示。我指着这幅图告诉他，实际的光子应该是多列的。为了更
好地跟灯泡发出来的光子做比较，我还是用只有一列光子的图来说明问题。
我指着图 5-13 和图 5-14 跟明明说："假设现在激光发出的光子和灯泡通电
后发出的光子的数量是一样多的，我在图中都示意性地画了 21 个光子，但
是，激光发出的光子整整齐齐地排成一列，然后冲向一个目标；灯泡通电
后发出的光子是向四面八方发散地射出去的。你想想，在这种情况下，被
激光发出来的光子射中的那个点和被灯泡通电后发出的光子射中的那些点，
哪种情况的点受到的冲击力大些呢？"

图 5-15　激光示意图 2

明明指着图 5-13 说，被激光发出来的光子射中的点受到的冲击更大。

"嗯，对的。我举一个例子，假设你们全班同学被困在一个正方形的围城里，东南西北都有城门，每个城门把守的兵力和城门的坚固程度都是一样的，你们是排好队伍一起冲向一个城门更容易逃出去，还是分散开向四个城门冲更容易逃脱呢？"我又适时地给明明举了一个例子，他比较喜欢战争故事，所以，这样的例子也比较适合他。

"那当然是大家排好队伍冲向一个城门更容易逃出去了。"明明不假思索地回答。

停顿了一小会儿，明明忽然说："妈妈，我明白了，激光威力这么大的原因是它把它的能量都集中到一个方向了。这个方向的能量特别大，所以才把气球呀、比萨饼呀、猪肉呀都烧出一个眼，还把火柴杆给烧断了。"

"嗯，明明总结得特别好。"我向明明挑起了大拇指，夸奖道。

明明马上仰起了小脸，还晃起了小脑袋。

"其实，仅仅是让光子都朝向一个方向打，也不可能产生那么大的威力。"我继续把激光的特点补充完整。

"激光是我们人类的一项重要发明：作为武器，它能够击落无人机；在加工金属物品时，它能作为切割工具；在医学上，激光还可以用来治疗近视眼。激光的威力之所以这样强大，原因在于，我们人类在制造激光的时候，使射出去的光线在一个很窄范围内的能量尽可能的大。那么，我们人类是怎么做到这点的呢？"我自问自答。

"首先，使射出去的光线很窄很窄，这样有利于能量的聚集。这个问题，我们前面已经讨论过了。其次，让发出去光子的大小都是一样的，能量也都是一样的，所以，你看到激光要么发红光，要么发绿光，要么发蓝光……反正不会发白光，因为白光是多种颜色的光混合在一起的。这样呢，每个光子就只管发挥出自己的最大能量就可以了，不会出现强光子去帮助弱光子的现象，从而导致强光子的能力没有充分发挥出来。最后，还有一点就是，光子使劲的方向完全一致，这样就更容易把力量集中于一点。"我一边说着，一边画了一张图，把光子的使劲方向指向一边，如图5-16所示。

　　"还有就是，我们人类在制造激光发射器的时候还加大了发射光子的发射速度，使得每分钟能发出更多的光子。总之，就是尽可能地把所有能量都集中在一个目标上，发挥最大的作用。"我继续补充道。明明眨着小眼睛，听得津津有味。看来我这样讲道理的方式，还是比较合适像他这样的小孩子的。

图5-16　激光示意图3

　　我在给明明讲解激光原理的时候，有意避开了一些专业描述。比如，"相干性强"即是波峰与波峰相叠加，波谷与波谷相叠加，增强波的幅度，从而增强激光的强度。激光具有相干性强的特性，我在这里用了"光子的动作一致，向一个方向使劲"让明明想象能量向一个方向叠加。在讲激光的"单色性好"这一特点时，我使用了光子的大小和能量都一样来说明，避开了光的波长（或频率）这样专业的概念，也是让明明更容易联想和理解。"窄光源"，我用了大量的篇幅来讲解激光的"方向性好"。这是因为，我认为"方向性好"更能让明明理解激光的集中性。总之，尽管我给他讲的道理不太准确和专业，但是，我觉得目前最重要的是让他能够理解这些事物内在的道理。未来他学到相关知识的时候，可以根据一些自己曾经的想象、类比以及当时他的知识能力去理解和掌握知识。

5.3 最大静摩擦力为什么大于滑动摩擦力？

在日常生活中，我们随时随地可以感受到摩擦力的存在。比如，在马路上骑自行车，如果我们想要停下来，就需要捏住车闸，这个时候，自行车还要在地面上滑行一段距离，才能最终停下来，靠的就是摩擦力。再比如，我们推木箱，并使它在地面上滑动，就需要一定的力气去维持木箱在地面上的滑行，之所以需要一定的力气去推动木箱滑行，也是因为地面上有阻碍木箱前进的摩擦力。也就是说，物体在运动的过程中，摩擦力有阻碍物体运动的作用。那么，是不是只有物体在运动的时候，摩擦力才能存在呢？答案当然是否定的。物体在静止的时候，也可能受到摩擦力的作用，而且这个摩擦力可能比运动时受的摩擦力更大。

我不但知道最大静摩擦力大于滑动摩擦力，而且还通过实验证明过这个结论的正确性。但是，对于"为什么最大静摩擦力大于滑动摩擦力"，我却一直没有找到一个比较合适的解释。直到后来，我看了一些关于微观粒子的书后，才从书中得到了一些启示，同时也给这个困扰了我很久的问题找到了一个听起来比较合理的解释。

我和明明曾经一起做过一个实验来验证摩擦力的存在。实验的大致过程是这样的：在一张桌子上铺上一块大毛巾；将一个矿泉水瓶装满水，并把瓶盖拧紧，不让水流出来，在瓶口处绑上一根线，并打成环形的结。这样，测力计就可以勾住环形结拉着矿泉水瓶在毛巾上以大致均匀的速度滑行，从而测量出矿泉水瓶在毛巾上滑行时所受到的摩擦力。

我在多次测量中，都发现了同样一个现象，就是在拉动矿泉水瓶滑动时，矿泉水瓶在动起来的那一瞬间，测力计显示的数字要比矿泉水瓶动起来后测力计上显示的数字大一点点（当然，因为我们很难保证矿泉水瓶一直处于匀速直线运动状态，矿泉水瓶动起来之后，测力计上显示的数值也不是一直不变的，有可能在有些时候测力计上显示的数字要比动起来的瞬间还要大）。明明没有注意这个现象，他只是看到测力计指示屏幕上有数据，就知道摩擦力存在了。当然，我当时和明明一起做这个实验的时候，主要目的是让他从数值上感受摩擦力的存在。对于最大静摩擦力大于滑动摩擦力这个我学生时期就知道的事实，出于多种原因，我并不知道其中的原理。正巧趁着做这个实验，我特意留心观察了一下最大静摩擦力与滑动摩擦力的关系。

关于最大静摩擦力大于滑动摩擦力，我也能从日常的生活中感受到它的正确性。比如，当我在平面上推动一个没有轮子的箱子滑行时，可以明显地感觉到，箱子在即将动起来的那一瞬间，需要更大的力气才能使箱子动起来，而当箱子真正动起来之后，所用的推力比箱子要运动起来那一瞬间的推力又小了那么一点点。

问题是，用我的旧思想很难理解摩擦力从静摩擦力转变成滑动摩擦力时，摩擦力还要变小一点儿的这种现象。想想看，在没有推箱子的时候，箱子在地面是静止的状态。这个时候，沿着地面平行方向，箱子受到的摩擦力应该是零。随着开始用力推动箱子，地面上就开始有摩擦力来阻碍箱子运动了，摩擦力会逐渐增加，直到大到一个值，箱子就被推动着在地面上动起来。所以，从开始推箱子直到它动起来，摩擦力是一直在增大的。按照上面的这个想法，箱子动起来时的摩擦力就应该比静止时的摩擦力还要大。按这种逻辑进行分析的结果就是滑动摩擦力大于静摩擦力，当然也大于最大静摩擦力。

在真实的实验结果面前，必须承认，上述看似解释得合情合理的"道理"是错误的。我需要仔细分析问题，寻找事物表象背后的真实原因。从"宏观"角度去解释这个问题，似乎怎么也解释不通，那么换一个角度去思考问题，会不会有新的转机呢？于是，我又一次从"微观"角度去思考这个问题，相对容易地把这个问题解释清楚，从而解决了困扰自己很久的难题。我决定把我对于这个最大静摩擦力大于滑动摩擦力问题的理解过程展示给明明，也开拓一下明明今后分析问题的思路。

那天，我故意跟明明提起我和他之前做过的用测力计感受摩擦力存在的实验，就是在毛巾上拉动装满水的矿泉水瓶滑动，通过测力计上的读数来感受摩擦力的存在。我告诉明明，我当时发现在矿泉水瓶快要动起来但还没动起来的一瞬间，测力计上显示的数值要比矿泉水瓶真正动起来后显示的数值要大。明明告诉我，他没有注意到这个现象。明明没有表现出对这个问题有太多的热情，这在我意料之中。以他现有的生活经验和知识水平，对于实验数据，他还是不太感兴趣，他更感兴趣的是那些有趣的实验现象。如果我不想出办法勾起他的兴趣，我们的话题估计也就到此为止了。我很想跟他分享我对这个问题的理解过程，这样做的目的并不是希望他对这个问题的原理有多么深刻的理解和认识，仅仅是想开拓一下他的思路，让他在考虑问题的时候，不要局限于某一方面，而是能从更多的角度去思考。

我想出了一个使这个话题继续下去的办法，就是把我之前的旧思想讲给他听，然后发现按照旧思想得出的结论与实际实验结果之间的矛盾，来引起他的兴趣。首先，我在纸上画了一张图，如图 5-17 所示，上面画了一个长方形，当作箱子，并画上了箱子在静止状态所受到的力——向上的支持力和向下的重力。"在地面上有一个箱子，刚开始的时候，它受到重力和地面对它的支持力，这两个力的大小是相等的，方向相反，这个箱子在这个时刻受到的力是平衡的，所以，它处在静止不动的状态。"我一边比画着箱子在此时所受力的状况，一边把前提条件——交代清楚。

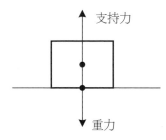

图 5-17　箱子受力图 1

看得出来，明明没有表现出反感情绪，我就继续试探着讲我的故事。"这个时候，明明想让这个箱子在地面上运动起来，于是，明明就用力地推箱子。"

"但是，刚开始，明明用的力气并不大，没有推动，这是因为什么呢？"我一边画出了如图 5-18（a）所示的图，一边跟明明互动。

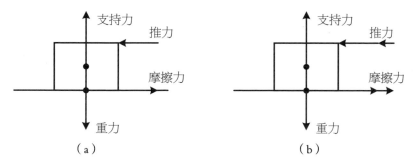

图 5-18　箱子受力图 2

"因为地面上有摩擦力，所以我没有推动。"明明原来就知道摩擦力的存在，所以这个问题肯定难不倒他。

"那你继续加力推，但是，还没有推动，这是为什么呢？"我继续启发明明。

"我继续加力，还是没有推动，还是因为摩擦力。"

"也就是说，摩擦力是随着你使的力气的增加而增大了，对吗？"我继续问问题。接着我又补画了两笔，表示推力的增加和摩擦力的增大，如图 5-18（b）所示。

"是的。"明明很配合地回答。

"那么，摩擦力会不会一直增大下去？"我问。

"不会，最后我总会把箱子推动起来的，那时候，摩擦力就不会像没推动起来的时候那样一直增大了。"明明回答我，并给出了合理的解释。

"是的，最后总会有那么一瞬间，明明的推力突破了箱子静止时受到的摩擦力，箱子就运动起来了。"我补充道。

明明现在仅仅知道摩擦力，还没有听说过静摩擦力和滑动摩擦力。所以，我需要给他先普及一下这些基本概念。

我指着图 5-18，一边简单复述刚才我们讲过的故事，一边把基本概念加了进来。"刚开始的时候，明明推箱子，箱子没有动起来，这主要是箱子受到了地面给的摩擦力，这个摩擦力会随着明明用的推力的增大而逐渐增大。这个摩擦力是箱子在静止的状态下受到的摩擦力，有一个能确切地表现出它特点的名字——静摩擦力。"我对静摩擦力做了这些解释。

"那么，静摩擦力有哪些特点呢？"我提出了问题，并引导明明回答。

"明明用更大的力气去推箱子，但是，箱子还是没有被推动，明明的推力是被谁'吃掉'了呢？"我采用了一个比较形象的拟人说法，想引起明明的兴趣。

"摩擦力。哦，是静摩擦力。"明明现学现用，马上用了自己刚学习的知识。

"那么，这个静摩擦力的大小是不是固定不变的呢？"我又问。

"不是的，我推箱子的力气有多大，静摩擦力就有多大。"明明回答。

"所以说，静摩擦力的大小不是固定不变的，会随着推力的增大而增大，也会随着推力的减少而减小，对吗？"我反问明明。

"对的。"明明回答。

"那么，总结一下，静摩擦力就是物体在静止的状态受到的摩擦力，并且它的大小不是固定不变的，而是随着它所受推力的增大而增大，随着它所受推力的减少而减小。"我对静摩擦力做了这样的总结。

"明明一直加大力气推箱子，箱子不可能一直静止不动，总会有动起来的时候。那么，箱子动起来以后，明明也就停了下来，不再去推箱子，这个时候，箱子还会动吗？"为了讲述滑动摩擦力，我继续上面的故事。

"当然不会动了。"明明觉得我的问题有点好笑。

"那为什么需要明明继续用力去推，来维持箱子继续运动呢？"我持续提问。

"那是因为摩擦力还在阻碍箱子前进呀。"明明回答。

"这个时候的摩擦力还是刚才那个静摩擦力吗？"我故意加重语气说出"静"字。

"哦，可能不是了。这个应该是箱子动起来受到的摩擦力，难道是动摩擦力？"明明根据静摩擦力名字的含义，猜测了一下滑动摩擦力的名字。

"嗯，差不多。这个摩擦力是物体在滑动状态下受到的摩擦力，我们习惯上叫它'滑动摩擦力'。"我肯定了明明的猜想，并顺势提出了滑动摩擦力的概念。

"那么，滑动摩擦力是不是也会像静摩擦力那样，会随着推力的改变而不断变化呢？物体在运动中，如果滑动摩擦力有变化的话，又是怎样变化呢？"我又提出了一连串的问题。

针对上面这些问题，我和明明决定通过做实验的方式来找出答案。我们选择的实验仍然是之前用测力计在数值上感受摩擦力存在的实验。我们选择这个实验主要是因为：首先，实验器材非常简单；其次，实验的执行，对于我和明明来说，算是轻车熟路的。唯一不同的是我们要观察的点不同，上次要观察的点很简单，仅仅是观察矿泉水瓶在毛巾上滑动的时候测力计上有读数，能够证明摩擦力存在就可以了。这次我们要观察的是两种摩擦力，即静摩擦力和滑动摩擦力的各自特点，以及它们之间的关系。

很快，我们就做起了实验。对于观察静摩擦力特点的实验，还算是比较顺利的。需要注意的事项就是在拉动矿泉水瓶子的时候要慢一点使劲，这样我们就可以观察到矿泉水瓶在运动之前测力计上读数的变化。做了几次实验，我们可以得出和理论上分析结果基本相符的结论：静摩擦力不是固定不变的，实验中它是随着测力计拉力的增大或减少而相应地增大或减小的。对于观察滑动摩擦力的实验，就没有观察静摩擦力那么顺利啦。矿泉水瓶滑动起来后，如果加大力气拉，矿泉水瓶会运动得更快；如果拉力变小，矿泉水瓶就会很快停下来。明明很难控制拉力的大小，所以很难拉着矿泉水瓶以一种不加快也不减慢的速度运动，或者专业一点说是匀速直线运动，这样一来，测力计上的读数总是不断变化，时大时小。经过多次的反复测量，我们基本上可以得出这样的结论：当拉着矿泉水瓶以不增加也不减少的速度运动时，也就是匀速直线运动时，测力计上的读数大致是可以保持不变的，也就是滑动摩擦力可以保持不变。

在这个实验中，我们还要观察一个非常重要的实验结果，就是最大静摩擦力和滑动摩擦力的关系。这个现象不是很容易观察到，因为最大静摩擦力只在那一瞬间能够观察到，操作不好，就不容易观察到测力计上的数值。因为操作难度比较大，我们的测量结果不是每次都一样的。为了尽可能得到相对准确的结果，明明做了很多次实验，我也帮着一起做，最后，总算是能让我们大致看出来最大静摩擦力大于滑动摩擦力了。为了进一步说明问题，我又在地面上放了一把椅子，让明明试着在地面上推动椅子。我让明明尽可能慢一点推，感受静摩擦力到滑动摩擦力的变化，特别感受他要把椅子推动起来的那一瞬间所用的力气和椅子被推动之后所用的力气的对比。几次尝试以后，明明可以感觉到：为了能使椅子运动起来，最后在椅子要运动起来前的那一瞬间，他需要更使劲儿一点儿，这个力气比起后来椅子运动起来之后所用的推力还是要大一些的。

"两个实验结果都证明了最大静摩擦力是大于滑动摩擦力的。我们之前讨论的静摩擦力是随着推力的增大而增大，直到把物体推得运动起来。那么，为什么在物体快要运动起来而还没运动起来之前，摩擦力会达到最大值，而运动起来之后，摩擦力又变小了呢？"我提出问题。

面对这样难以理解的问题，我通常是先提出问题，并给明明一点儿时间思考，然后再自问自答。"直接从表面上考虑，椅子被推动前一直到运动起来的整个过程，我们很难找到为什么摩擦力本来已经增大，运动起来之后又变小了的原因。摩擦力发生在两个物体的接触面，是不是有可能在运动起来之前，接触面上有什么东西阻止了物体的运动呢？而运动起来之后，这个阻止的力量又消失了呢？"我进一步引导明明。

明明也知道摩擦力是发生在两个物体的接触面上，所以他想看一下是不是接触面上有什么东西影响了摩擦力。明明仔细查看矿泉水瓶和毛巾的接触面，还有椅子跟地面的接触情况，没有发现在运动前后物体接触面有什么变化。

"从现在的思考方向上寻找答案，我们的确找不出来问题的所在。但是，明明，你有没有想过，如果我们把椅子腿和地面都放大很多倍，以至于我们能够看清楚椅子腿与地面两个接触面上的原子，它们的表面还能是这么光滑平整吗？"我提出了新的思考问题的方向。

明明想了想，说："如果那样想，椅子腿和地面都不会是这么平整了。"

"嗯，那让我们来把放大后的两种物体的表面画出来吧。"说着，我就在纸上画出了椅子腿和地面的接触面以及它们靠在一起时原子相互关系的示意图，如图 5-19 所示。

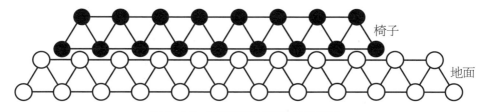

图 5-19　椅子和地面的微观示意图

"我们简单地约定地面和椅子腿的物质都是由单个原子组成的分子，它们的分子排列也是我虚拟出来的，我们就按照一种较为简单的方式来想象一下。当椅子腿在地面上处于静止状态的时候，椅子腿和地面接触面上的原子就处于这样的状态。"我指着图 5-19 中代表椅子原子的实心小球和代表地面原子的空心小球说道。

"在同一种物质内部，原子之间是存在排斥力和吸引力的。原子之间的排斥力是因为组成原子的原子核带正电荷，所以原子之间有排斥力。原子之间的吸引力是因为组成原子的原子核带正电荷，核外电子带负电荷，这个原子的原子核吸引相邻原子的核外电子，所以，原子之间又有吸引力。但是，这个吸引力还不能把它周围原子的核外电子吸引到自己的原子里面，因为人家也有自己的原子核产生的吸引力呢。原子之间就是靠着这种既吸引又排斥的力聚集在一起组成物质的。"我简单画了一个原子之间的吸引力和排斥力的示意图，如图 5-20 所示，指着图给明明说明了一下原子之间存在着吸引力和排斥力。

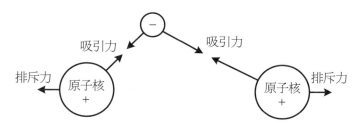

图 5-20 原子间的吸引力和排斥力示意图

对于正、负电荷吸引和排斥的关系，明明之前是有所了解的。以前，明明曾经拿回来过一个用开关控制灯泡的小电路模型，问我电流是什么。我给他讲，物质有要保持稳定状态的需求，负电荷（自由电子）要跑到正电荷那里，就形成了电流，也就是正电荷要吸引负电荷（自由电子）跑到它那里。所以，在这里讲正、负电荷之间相互吸引时，明明不会感到难以理解。

我们又回到椅子腿表面原子与地面原子的相互关系的讨论中。"我们能够理解同一种物质中原子之间存在着既吸引又排斥的力。相邻的原子核都带正电荷，它们之间相互排斥，而带正电荷的原子核和相邻原子的带负电荷的核外电子之间又相互吸引。"我指着图 5-20，先跟明明说明了原子之间确实存在作用力，然后继续下面的讨论。"你看，当椅子和地面接触表面放大到可以看得见原子的状态时，椅子表面的原子和地面的原子应该都是凸凹不平的。"

我一边说，一边拿笔在图 5-19 中的两种物质表面接触处比画着两种原子的突起。"椅子在地面上静止的时候，椅子表面的原子会有部分陷到地面原子中间，而地面的原子也会有部分突入到椅子表面原子中间。这样一来，椅子表面的原子与地面的原子就比较接近了，它们之间也会有相互吸引力了。"我一边说着，一边在图 5-19 上比画着，也用手指比画着原子之间咬合的状态。明明认真地听着，沉浸在我的故事中。

明明忽然说："那它们之间还有排斥力呢。"

"是的，它们之间是有排斥力的。"我笑着回答明明。

"不同的原子之间同时存在吸引力和排斥力，如果两种物质之间存在着既吸引又排斥的力，会发生什么现象呢？"针对明明的疑问，我提出了新的问题。

"你见过既吸引又排斥的力吗？"经我这么一提醒，明明忽然想起了在中国科学技术馆见识过的超导磁悬浮，马上说："如果让它们靠近，它们就会相互排斥；如果让它们远离，它们就会互相吸引。这就像超导磁悬浮那样。"

"嗯，现在我们要讨论把椅子推走，那么原子是要远离呢？还是靠近呢？"我继续问。

"远离，所以它们要相互吸引。"明明的回答正是我想要说的。

我们继续讨论最大静摩擦力为什么会大于滑动摩擦力。"在静止状态，椅子腿表层原子和地面表层原子处于既吸引又排斥的状态，现在明明要把椅子推走，是不是要把椅子表面原子从地面原子上拽开呢？"我用两只手比画着一个物体被从另一个物体上拽开的动作，同时在纸上画出两种原子被拽开的状态，如图 5-21 所示。

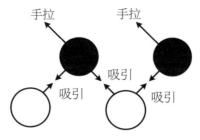

图 5-21　相互吸引的解释

"明明没有亲手尝试过把处于磁悬浮的金属从磁铁上拽开，但你是试过把一块被吸铁石吸住的小铁块拿走的，明明是不是需要先用力气把小铁块从吸铁石上拽开，才能把小铁块拿走呀？这个感觉跟磁悬浮的吸引力是一样的。"我继续解释道。

这样简单比较，明明就比较容易理解椅子要先挣脱它的表面原子与地面原子之间吸引力的束缚，才能被移走。这时，明明脸上的表情已经不再那么严肃啦。

"椅子被移动起来之后，椅子表面的原子和地面的原子之间就不会相互咬合在一起，而是一种原子在另一种原子表面滑行。两种原子相距较远了，它们之间的吸引力就消失了。"我对椅子在地面上滑动之后两种原子之间的作用又做了一下解释。

"现在，你能说一说为什么你在把椅子推动起来之前的那一瞬间，需要的力气最大了吗？"我对明明提出新的要求。

"嗯，因为椅子被推动起来的那一瞬间，除了有摩擦力阻碍运动，还有两种原子之间的吸引力，还需要把两种原子拽开，所以，椅子被推动之前的那一瞬间，静摩擦力最大。"明明解释道。

"非常好，解释得非常到位。"我对明明竖起大拇指。

"其实，关于最大静摩擦力大于滑动摩擦力这个现象，妈妈很长时间都不能理解其中的原因。你知道这是为什么吗？"我问明明。

明明抬起头，看着我，眼睛里充满了不解，他觉得这个道理很容易理解呀。

"主要原因是，那时我没有考虑到接触面上的两种物质的原子之间会存在吸引力。"我解释说。

"妈妈，你不是很早就知道原子之间有吸引力吗？为什么没有考虑呢？"明明不解地问。

"如果我们不去假想把物体放大到可以看到原子的状态，我们是想不到它们的接触面是相互咬合在一起的，如果两种接触面不能咬合在一起，它们原子之间的距离就比较远，这时，这两种物质的原子之间也就没有吸引力了。"

我停顿了一下，接着说："我之前的想法仅仅是从我们实际看到的物体去思考，那么椅子腿和地面之间的摩擦力就是会随着推力的增大而增大，直到椅子运动起来，摩擦力就不会再变。然而，实际觉察到的或者是实验中观察到的摩擦力在这个变化过程中是逐渐增大到最大值，然后又下降到一个固定值，并保持不变的。从这个角度上来考虑，我一直想不明白为什么会在中间出现一个摩擦力的最大值。"我进一步解释说。

"哦。"明明应了一声。

"所以在考虑问题的时候，如果像妈妈之前那样，仅仅从一个方向去思考问题，而且想不出来的时候，也不尝试去改变思考方向，就有可能走入误区，得不到解决问题的其他方案。"

我停了一会儿，接着说："所以，我们思考问题遇到困难时，不应该一条道走到黑，要试着从另外一个角度去重新思考问题。这样做，很有可能得到更加合理的答案，你说对吗？"

明明若有所思地点点头。

对于最大静摩擦力大于滑动摩擦力的解释，我觉得有两种说法比较合理，一种是本章节中讲的解释方法，另外一种是关于接触表面凹凸较多，静止状态凹凸会咬合在一起，而滑动起来后，凹凸会被物体的前侧磨平，所以会减少摩擦。在本章节中，我选择了第一种解释方法，主要是因为之前给明明讲了很多关于分子、原子的相关知识，第一种解释方法正好应用了这些相关知识。至于接触表面凹凸对摩擦的影响，在后续的摩擦力影响因素中有涉及，所以在此暂没有提及。

　　之所以和明明讨论这些并没有定论的问题解释，我是想给孩子思考问题提供更多的思路，开拓孩子思考问题的方向。而且，我一直在培养明明不惧权威的科学质疑精神，所以，就算是这种解释在以后有修正或被替换，不也会让明明更深刻地理解了科学本身就是在质疑中不断前进的吗？

5.4　利用摩擦力的特点，
让我们的生活更美好

　　实际生活中，我们需要用到许多的知识，因此，学习这些知识就显得很有必要。比如，我们学习了数学中的一些计算知识，买东西时就可以用来计算应付的费用；我们学习了几何图形和一些物理学的知识，将来在建造楼房和桥梁中，就可以应用这些知识使它们更加坚固和美观；我们了解了爆炸的原理，就应该懂得在厨房的炉火旁边不要倒面粉，不然就很容易发生闪爆，使我们受到严重的伤害，甚至丢了性命；我们学习了流体力学的原理，当火车或者地铁进站时，我们就应该站在安全线以外，以防被火车或地铁"吸"过去。

　　摩擦力属于我们生活中比较常见的力，在明明简单了解摩擦力的产生原因和影响因素之后，我希望他能更多地理解人们在现实生活中是如何利用摩擦力的性质、特点来改造、服务我们的生活的。在我们需要摩擦力的时候，如何增加摩擦力，为我们的生活服务；在我们不需要摩擦力的时候，人们又是采用哪些方式，来减少摩擦力对我们的影响。

5.4.1　摩擦力的影响因素

哪些因素会影响摩擦力的大小呢？我和明明想通过几个实验来研究和探讨一下。

首先，我们做了一个"分不开的书"的实验。实验内容相对简单，我找来两本书，并把这两本书的两三页交叉在一起。我让明明把这两本书分开，明明拽着这两本书靠近书脊的部位，很轻松地就把两本书分开了，如图 5-22 和图 5-23 所示。

图 5-22　明明分书

图 5-23　明明很轻松

接着，我又把这两本书的交叉页数增加到六七页。我请明明再试一试，看能不能把这两本书分开。明明拿过书，又把这两本书分开了。我问明明："感觉怎么样？这次分开这两本书，费劲吗？"

明明回答："比刚才要多费点劲，但是对我来说，没有什么问题。"明明从小力气就大，力气大也是他引以为豪的事情。每一次说起比力气的事情，他总会毫无保留地表现一下。

接下来，我把书的交叉页数增加到二十页，同时仔细地把每一页纸平整地交叉，尽可能让重叠的部分大一些。我再次请明明来试一试，看能不能把这两本书分开。第一次，只有两三页交叉在一起，基本上不费力气；第二次，六七页交叉在一起，多费点劲；这一次，二十页交叉在一起，明明使出了比之前更大的力气，可是，两本书并没有像前面两次那样听话地乖乖分开。明明有点不服气，使出了更大的力气，书还是没有分开。明明有点沉不住气了，因为他一直以来都自诩力气大，现在连这两本小小的书都分不开，觉得很没有面子。明明又一次使出了他常唠叨的"大招"，只见他的两手、嘴、牙齿、腮帮子都一起使着劲，如图5-24所示。明明小脸憋得红一块、白一块的，眼看他就要把这两本书的装订线都抻散架了，我赶紧叫停。明明停了下来，虽然累得快不行啦，嘴里还一个劲儿地埋怨我，说我耽误了他，他快要把这两本书分开了。我笑着对明明说："再坚持一会儿，你可能没有把这两本书分开，却把书撕烂了。"

图5-24 明明在使劲

明明看看这两本书，挠挠头，有点儿不好意思地笑了。

我又告诉明明，其实我和爸爸也分不开这样的两本书。明明有点儿怀疑地抬头看着我。

我让明明想一想："从开始的二三页书交叉，到六七页书交叉，再到二十页书交叉，分开书时的感觉有什么变化呢？"

明明想了想对我说："越来越费劲。"

"那么，在你三次分开书的过程中，书本身有什么变化呢？"我又问明明。

"书本身倒是没有什么变化，变化的是两本书交叉的页数越来越多了。"明明回答。

"那么，你是不是觉得，两本书交叉的页数越多，它们之间好像被'拉'在一起的力就越大，你就越不容易把它们分开？"我继续问。

"是这样的。"明明简单明了地回答我。

"那么，这两本书之间到底有什么力在'拉'着它们呢？"我继续追着问。

明明看着这两本书，随口念叨："好像也没有什么力在使劲儿要把这两本书往一起拉呀。"

看着明明有点迟疑的样子，我又对明明说："有时候你在楼下的地面上拉你爸爸，你能拉动吗？"

"能倒是能，就是比较费劲。"明明回答。

"那是什么力气在跟你作对，不让你拉动你爸爸呢？"我引导明明。

"摩擦力呀。哦，我明白了，这两本书不能被分开也是因为摩擦力在捣乱呀。"明明忽然茅塞顿开。

"那么，你能解释一下，为什么交叉的书页多的时候，拉开更费力吗？"我进一步追问。

"这个比较好理解。你想呀，每两个重叠的页面都会有摩擦力，当然是重叠的页面越多，摩擦力越大了呀。"明明解释得非常到位。

"对，之前我们测试过，摩擦力只有在接触的时候才存在。其实，你从摩擦这两个字就能够感受到摩擦力是一种接触力了，不接触的话，怎么能有摩擦呀。这个小实验也让你感受到了，物体受到的摩擦力应该是考虑它受到的所有摩擦力的总和，因为这才是真实产生效果的力。"我对问题进一步解释说明。

"是的，两三个页面的摩擦力可能不大，但是多个页面摩擦力的和还是很大的。"明明补充道。

"是呀！其实，从感觉上，我们也可以这样理解这个实验的结果：跟其他物体的接触面越多，物体受到的摩擦也就越多，受到的摩擦力总和也就越大。"我对实验结果又从感观上做了分析。

"是的，妈妈。但是，我真的没有想到，小小的纸片也能产生这么大的摩擦力。"明明感叹道。

"所以呀，一个物体所受到的摩擦力是跟它接触的所有物体对它的摩擦力的总和。接触的物体个数越多，摩擦力总和相对就会大一些；相反，接触的物体个数越少，摩擦力总和相对就会小一些。"我把我们关于"分不开的书"的实验结论做了这样的总结。

"那么，单个的接触面上的摩擦力跟什么有关系呢？"我又提出了新的问题。

见明明没有回答我，我又提议："要不，我们再来做个实验，来看看单个的接触面上的摩擦力跟什么有关系，怎么样？"明明点头同意。

"明明，你之前不是做过在毛巾上拉动矿泉水瓶来测量摩擦力存在的实验吗？"我提醒明明。

"是呀。"明明表示肯定。

"那你能不能再用测力计测一下在毛巾上拉动矿泉水瓶和在地板上拉动矿泉水瓶，哪一种摩擦力大呢？"我给明明提出了新的实验内容。

"当然可以了。"明明很爽快地答应了。

小孩子好像天生就喜欢做实验，当他们用自己的双手展示出那些神奇的实验现象时，他们会觉得自己很了不起。

实验用品都是一些生活中常见的物品，所以很快就准备好了。明明也就轻车熟路地开始了他的实验。实验结果不出所料：在光滑的地板上拉动矿泉水瓶时矿泉水瓶受到的摩擦力比在毛巾上拉动矿泉水瓶时矿泉水瓶受到的摩擦力要小。我问明明："同样的物体在光滑的地板上滑动受到的摩擦力比在毛巾上滑动受到的摩擦力小，你怎么理解这个实验结果呢？"

"我觉得这就好比是人在坑坑洼洼的地面上行走，一定比在平坦的马路上行走要难很多。我认为人在坑坑洼洼的地面上行走受到的摩擦力要大一些。"明明回答。

"嗯，类比得很好。"我对明明的解释予以肯定。

"你看一看，我是这样理解的，你感觉怎么样？"说着，我在纸上画了一幅我想象的一个物体在粗糙表面滑行时，两个物体接触面的放大图，如图 5-25 所示。

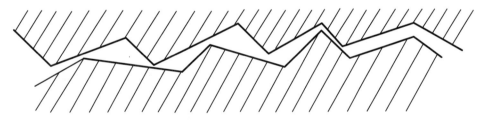

图 5-25　两个物体接触面的放大示意图

我指着这两个接触面对明明说："如果把这两个物体接触面放大，我们应该可以看到这两个接触面都是比较粗糙的，这两个接触面通常是咬合在一起的。你要想让一个物体相对另外一个物体沿着接触面前进，要么是把其中一个物体从每个咬合点都拽开后，才能顺利前进；要么是其中一个物体的小突起被另外一个物体的小突起撞碎，这样一来，有些小突起就消失了，接触面也就相对平滑了，物体前进时就不会受到那么大的阻力。但是，无论你使用哪一种办法，都需要花费比你在平滑的接触面上更大的力气。"我一边解释，一边用笔尖在纸上画着，用来表示一个接触面相对另外一个接触面移动，如何冲破它们之间的咬合，同时也用手指比画着咬合被分开需要经历怎样的过程。明明在我的语言、图形加肢体动作的配合下，不住地点头，表示了他对我这样理解的认可。

最后，我让明明总结一下我们刚才的实验证明了什么。明明果然理解得很明白，就是物体表面的粗糙程度影响摩擦力的大小，接触面越粗糙，摩擦力越大，接触面越光滑，摩擦力越小。

还有一个关于影响摩擦力大小的实验是压力对摩擦力的影响。我让明明试一试用测力计在毛巾上去拉一个装满水的矿泉水瓶和一个空的矿泉水瓶，看看哪种情况下摩擦力比较大。这个实验结果也很明显，就是装满水的矿泉水瓶受到的摩擦力更大一些。我让明明试着根据实验结果想一想，可以得出怎样的结论。明明想了想，他很快就得出结论：物体"越重"，摩擦力越大。我又向明明解释了物体受到的摩擦力实际上是与物体对接触面的压力有关的，即使物体很重，如果我们在上面拉着这个物体，使它没有与其他物体接触，就不会产生摩擦。明明表示能理解。

我和明明通过实验得出了影响摩擦力大小的因素，主要有以下三点。

（1）物体所受到的摩擦力是跟它接触的所有物体对它的摩擦力的总和，接触的物体个数越多，摩擦力相对就会大一些，相反，接触的物体个数越少，摩擦力相对就会小一些；

（2）摩擦力与接触面粗糙程度有关，接触面越粗糙，摩擦力越大，接触面越光滑，摩擦力越小；

（3）摩擦力与物体对接触面的压力有关，压力越大，摩擦力越大，压力越小，摩擦力越小。

在学习摩擦力时，我和明明主要探讨了解了几种简单的摩擦现象，没有明确区分静摩擦力、滑动摩擦力，也没有提到滚动摩擦力，更没有明确指出压力仅指垂直于接触面的压力。这主要是考虑孩子的理解和接受能力相对较弱，先让孩子对摩擦力有简单的认识，等以后再做深入学习。

5.4.2　如何在生活中利用摩擦力的影响因素帮助我们

我们了解摩擦力的影响因素，不仅仅是为了学习知识，更重要的是为了把这些知识应用到我们的工作和生活中，使我们的工作和生活更加方便和高效。对于已经知道了摩擦力影响因素的明明，我也希望能够引导他把自己学到的理论知识应用到实际生活中，逐步地培养他对知识的应用能力。

"明明，摩擦力在我们的生活中随处可见。有的时候，摩擦力是我们的朋友，它能帮助我们，我们就希望它的力量更大一点儿。有的时候，摩擦力又是我们的敌人，会阻碍我们做事，我们就希望它的力量小一点儿。你能举两个例子说一说，在什么情况下摩擦力是我们的朋友，什么情况下摩擦力是我们的敌人吗？"首先，我引出了要和明明讨论的话题。

明明想了想，说："比如拔河比赛，我们需要摩擦力大一些，这样一来，对方就拽不动我们。"

可能是因为上个周末明明刚刚参加了一个室外活动，主办方组织的活动中有一项是拔河比赛，所以，明明刚好把这个例子用上了。我笑着点点头，觉得明明例子举得不错，就接着问："那你有什么办法能让你受到的摩擦力大一些吗？"

明明毫不犹豫地说："如果参加拔河比赛一方的人数较多，就是产生摩擦力的物体个数越多，摩擦力相对就会大一些。"

明明又想了一会儿，说："如果两队人数一样多的话，胖的人比较有优势，别人拽不动他，这主要是因为他的重力大，他压地面的力气也大。不过，我可以多穿一点儿衣服，来增加体重。"

停顿了一下，明明又说道："我还可以让我的鞋底粗糙些。"

"明明说得真不错，这些因素都能让你们的摩擦力增大，摩擦力大对拔河很有利。"我对明明的回答很满意。

我接着问："如果你的对手队伍中有一个很胖的人，你有什么办法能让他的优势减少一点儿？"

明明想了想，嘟囔着："我也不能让人家少穿衣服，或者把人家的鞋底弄得光滑些吧。"

我提醒明明："要增大摩擦力，需要使接触面更粗糙一些，但是，接触面的粗糙程度仅仅决定于鞋底吗？"

明明忽然明白："对了，我也可以把地面弄得光滑一些。比如，要在冬天的话，洒点儿水，要不了多长时间，水就冻成了冰。"明明忍不住坏笑起来，然后讲起他看过的动画片：小猪和小猫比赛拔河。小猪身高马大，但是脚底比较滑，拔河时，输给了小猫。

看着明明坏笑的样子，我赶紧提醒明明："要是在真实的拔河比赛中，你们一定要注意安全，要尽量保证不能让参加比赛的人身体受到伤害。"

"妈妈，你放心，我也就想想，实际比赛中，我会特别注意安全的。"明明安慰我道。

"明明，我们再来看看实际生活和工作中，人们都是怎样利用摩擦力的影响因素来解决问题的吧。"我想再给明明讲一些实际例子，让明明对如何应用知识建立一些基本的思维方式，明明点点头表示同意。

"工厂里新进了一部大机器，这部机器的下底面是平滑的平面，大卡车把它运到工厂的厂房门口，工人需要把这部大机器推到厂房里面的指定位置上。厂房的地面不是太平整，你想一想，该怎么办呢？"我给明明提出了需要解决的问题。

"我想可以把地面弄得平滑一些。如果是冬天，可以洒些水，再让水冻成冰。"明明回答。

"嗯，思路没问题，但是，如果不是冬天呢？"我又问。

停顿了一段时间，明明没有回答。

"如果是我，可能会在地面上铺一些结实的光滑大钢板，让钢板能一直铺到厂房里面机器需要放置的位置。然后请卡车司机把机器卸到钢板上，我沿着钢板表面推机器，钢板和机器的接触面是光滑的，所以，就可以减少摩擦力。这样，我就可以用很少的力气把机器运送到指定位置。"我一边讲解我的解决方案，还一边在纸上画了一张草图，大致画了一下钢板的放置位置，如图 5-26 所示，以方便我的讲解。明明认真地听着，也在感受知识应用于实际的新奇。

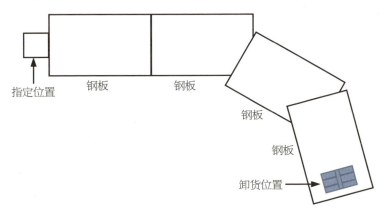

指定位置　钢板　钢板　钢板　钢板　卸货位置

图 5-26　搬运大机器示意图

说完减少摩擦力的实际应用例子，我又给明明讲了生活中需要增大摩擦力的例子。比如，在冰雪地面上行驶的汽车，会在轮胎上装上防滑链，如图 5-27（a）所示，这样做就是为了使轮胎表面变得更加粗糙，从而增大摩擦力。后来，我和明明在家里的调料瓶上发现了一些花纹，如图 5-27（b）所示，这些花纹也是为了增大摩擦力。这样人们在做菜的时候，即使手沾上水或油，拿起瓶子也不容易打滑。

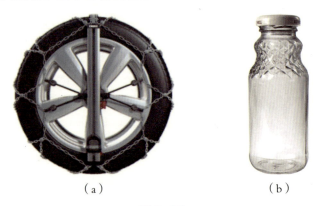

（a）　　　　　　　　　（b）

图 5-27

（a）装有防滑链的轮胎；（b）颈部有花纹的透明玻璃瓶

5.5　磁悬浮列车

对于明明这个年龄段的孩子来说，磁悬浮及其相关知识还是偏难一些，因此，我起初没有留心收集这方面的资料，也没有计划要讲给他听。

有一次，我带明明和杰瑞一起去中国科学技术馆玩，刚好遇到馆里的老师现场演示磁悬浮实验，两个孩子都对神奇的磁悬浮现象极其感兴趣。回到家，他们还主动上网查找资料，制作演示文稿，想把他们看到的神奇的磁悬浮现象分享给班级的同伴。

我在给明明讲解摩擦力相关知识的时候，也想给明明说一说在摩擦力成为阻力的情况下，人类是如何利用其他相关知识来克服或者减少这种阻力对我们的不利影响的。由于明明对磁悬浮极感兴趣，明明又简单了解了磁悬浮相关的一些背景知识，磁悬浮列车无疑是一个比较不错的例子。

"明明，你还记得你和杰瑞在中国科学技术馆看到过的磁悬浮实验吗？"我用问话的方式引出磁悬浮的话题。

"当然记得。"明明直截了当地回答我。接着，明明就把他知道的关于磁悬浮的知识一股脑儿地都倒了出来："磁悬浮是利用了金属在温度很低的情况下，对磁铁产生的既吸引又排斥的力。有些金属在接近零下 200 摄氏度的时候，会处于超导状态，可以发生磁悬浮现象，就是我们在科技馆看见的那种。我们用液氮去冷却那种金属，就能使那种金属处于超导状态，这样我们就能看到磁悬浮现象啦……"

明明绘声绘色地描绘着他记忆中一切关于他所知道的磁悬浮的知识，让我深深地感到兴趣真的是最好的老师。过了这么久，而且在并不十分理解这些科学知识原理的情况下，明明还能把磁悬浮讲得如此清晰、绘声绘色，真不容易。

我为明明的表现鼓掌叫好，又对明明说："超导磁悬浮的实验不太好做，我们家既没有液氮，也没有那种能产生超导现象的金属。除了超导磁悬浮，还有一种磁悬浮是通电产生的，你想不想看一看呢？"

"当然想啦。"明明马上回答。

明明听中国科学技术馆的实验老师讲过，超导磁悬浮在实际应用中需要克服很多很多的难题，不容易应用，电磁悬浮在实际应用中受到的限制条件相对要少些。为了给明明演示磁悬浮现象，我特意买了一个电磁悬浮地球仪，可以很好地呈现磁悬浮现象，今天正好可以拿出来给他演示一下。

通常，地球仪的底座和"地球"是一体的，底座起到固定的作用。但是，我拿出的这个地球仪，底座和"地球"却是分开的。明明拿起"地球"，有点疑惑地抬头看着我。我笑着把地球仪的底座放平，插上电源，按下开关通上电，又接过明明手里的"地球"，小心翼翼地把"地球"放到了地球仪底座的上方："地球"在底座上空慢慢平稳地转动起来。我又拿起一把长直尺，让直尺从"地球"和底座之间的间隙穿过。明明静静地看着我做的一切。我把直尺交给了明明，他也学着把直尺从"地球"和底座之间的间隙穿过，穿过一次还嫌不够，接着又穿了好几次。明明抬头看着我，高兴地笑了笑，问道："妈妈，这就是通电的磁悬浮吗？"

他一边问，一边把头靠近地球仪的"地球"和底座之间，仔细地观察有没有神秘的东西。

"是的。"我回答，"这个通电的磁悬浮和超导磁悬浮在悬浮的特性现象来看，是没有什么区别的。"

"你还可以试试按按'地球'，看看能不能把'地球'按到底座上，或者抬一抬'地球'，看看能不能把它和底座分开。"我又建议明明试试磁悬浮的相吸性和相斥性。明明认真而小心地按照我的建议操作。

"明明，你看超导磁悬浮在实际应用中受到很大的限制，因为保持金属处于低温状态不太容易，但是，这种通电的磁悬浮，相对来说比较容易应用。"我开始把话题引向磁悬浮列车。

明明点点头，更多的心思还是放在那个磁悬浮地球仪上。

"那么，为什么人们会想到把磁悬浮的这种特性应用到列车上呢？"我正式向明明提出了要讨论的问题。

明明停下了摆弄地球仪的手，看着我，但没有回答。

"你可以想象一下，列车在轨道上行驶，列车的车轮与轨道之间的摩擦力是影响列车速度的一个很大的因素。"我一边说一边在纸上画了一个简易的车轮和铁轨示意图，如图 5-28 所示。

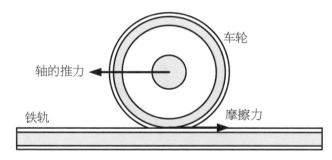

图 5-28　车轮和铁轨示意图

"我们的目标就是要减小摩擦力。摩擦力减小以后，列车有可能使用同样的力气跑得更快，对吗？"我抬头看着明明问。明明点了点头，表示同意要减少摩擦力。

"那么，明明，我们首先来看铁轨和车轮的接触面是否光滑。我们见过车轮和铁轨，你知道它们都是由光滑的金属做成的。"我接着说。

"那么，提高接触面的光滑程度，这个因素我们已经用得差不多啦，不能再明显提高啦。"

"那么，就剩下减轻列车的重量来减小列车对轨道的压力了。"我用无可奈何的口吻说。

"列车还能做成塑料的吗？那也太不结实了呀。"明明忽然反问我。

"按照现有的技术水平，做塑料列车估计还有不少困难需要克服。那么，能不能让列车自己浮起来呢？"我一边问，一边看磁悬浮地球仪。

"哦，我知道了，利用通电磁悬浮让列车浮起来，这样就没有'重量'了。"

"不，实际上是没有压力了。"明明刚说完，就马上纠正自己的说法。

"是的，这样列车悬浮起来，列车跟轨道不接触，相应的摩擦力也就消失了，我们会省下很多力气。"我顺着明明的话，继续补充道。我画了一张列车和轨道没有接触的图，如图5-29所示（和图5-28中的"工"字形铁轨不同，磁悬浮列车通常采用"U"形或"J"形轨道，列车几乎把轨道包起来啦，这里简化了磁悬浮的示意，突出没有接触这个特点。实际上，列车悬浮高度只有几厘米，甚至几毫米）。

明明对我们"想出"的办法很满意，高兴得一直晃脑袋。

图 5-29　列车悬浮在轨道上示意图

"所以说，我们学习知识不是仅仅为了得到好的考试成绩，或者是为了得到别人的认可或夸奖，重要的是你能把知识联系起来，利用这些知识去解决实际问题，让我们生活得更方便。"我不忘提醒明明学习知识的目的。

孩子也需要跨界思维

在成人的世界里，有很多关于跨界思维应用成功的例子。比如，把移动互联网技术应用到支付业务上，就出现了网上移动支付方式，这种移动支付方式的出现深深地影响着整个金融系统，也深深地影响了我们的生活。

在我们的日常生活中，同样有很多小发明也来源于跨界思维。比如，把建筑领域中的重视功能应用的非对称设计应用到消费电子领域中的手机卡图形设计上，就是把手机卡设计成一个非对称的长方形，它的上方一侧有一个小小的缺口，就是这个小小的非对称设计简单方便地实现了一个很实用的功能，即可以防止人们在安装手机卡时插错方向。再如，在工程机械领域，人们利用气压的作用发明了水泵，将水从低处提升到高处。同样，把水泵的工作原理应用到餐饮领域中，制造出喝饮料的吸管，吸走吸管里的空气，就可以利用气压的特点把杯里的水或者饮料通过吸管压到嘴里。

在我看来，所谓的跨界思维应用实际上就是在理解了一种事物的相关知识或背后原理之后，在其他领域遇到类似的情况或问题时，把这些知识或原理成功应用到新的领域，从而解决了新的问题，这就是一种创新。

那么，对于小孩子，需要培养他们的跨界思维能力吗？答案是肯定的。因为培养孩子们的跨界思维能力不仅有利于他们创新思维的培养，而且有利于他们学科知识的学习。比如，2018年语文全国Ⅱ卷的作文题就是一个关于"幸存者偏差"的统计学逻辑谬误的科普读物，考生需要在理解科普知识内容的基础写出文章。

第二次世界大战期间，为了加强对战机防护，英美军方调查了作战后幸存飞机上的弹痕的分布，决定哪里弹痕多就加强哪里。然而统计学家沃德力排众议，指出更应该注意弹痕少的部位，因为这些部位受到重创的战机，很难有机会返航，而这部分数据被忽略了，事实证明，沃德是正确的。

6.1　地球的岩浆和卖冰棒

　　明明从小就喜欢让我陪他一起读书，即使长大之后，他已经完全有能力自己读书了，还是会偶尔撒个娇，让我陪着读一会儿，不为别的，只是为了能跟妈妈在一起，多享受一下转瞬即逝的童年。

　　一个周末的晚上，明明和我都没有什么特别要紧的事情要做，明明提议让我陪他看一会儿手绘地图。说是跟我一起读书，其实，他之前应该已经读过好几遍了，因此，这次读书，更多的是他给我讲书里的内容，而我呢，更多的是作为喜欢与他一起互动的读者。我们都很享受这样的亲子时光，在这一过程中，我不仅能及时了解明明思想和思维上的一些变化，而且可以学到很多知识。

　　当明明翻到日本的地图页时，他指着地图上富士山的图标，对我说："妈妈，这是富士山，它是一座活火山。"

　　"噢，你是怎么知道富士山是一座活火山的？"我问明明。

　　"在英语课上学到的。"明明回答我。

　　我很有兴致，想知道明明对于火山的了解有多少，就顺势问："明明，你知道火山是怎么形成的吗？或者说，为什么在地球上的某个地方会有火山？"

　　明明很自信地回答我："当然知道啦，火山都集中在地球表面地壳比较薄弱的地方。地球在不断运动中，地球里面的岩浆会不断地挤压地球表面，在那些地壳比较薄弱的地方，岩浆就会涌出来，慢慢地就形成了火山。"

我很惊讶明明对火山的形成描述得如此清晰，便好奇地问："明明，你是怎么知道这么多火山知识的呢？"

"我是从纪录片里看的。"明明扬起小脸，很是骄傲地回答我。

看着我有点惊讶的表情，明明更有兴致了。他忽然指着我脸上前两天因为"上火"而鼓起的小包说："妈妈，你看，地球的地壳就跟你脸上的皮肤一样，你一'上火'，脸上皮肤比较薄弱的地方就会冒出一个包，就跟地球表面冒出一座火山一样。只不过，地球内部的岩浆因为威力太大，所以喷了出来，而你身体内部的'火'没有那么大，所以你脸上的包里面的东西没有喷出来，仅仅是鼓起了一个包。"

明明把我脸上的包跟地球表面的火山做了一个特别形象的类比，把道理讲得清清楚楚，让我这个妈妈对他的成长甚是欣慰。

我还想了解一下明明对火山相关知识了解的程度，所以就又开始新的提问。我问明明："明明，你知道地球内部为什么会有岩浆吗？"

明明回答："知道呀，地球在刚形成的时候就是一个大火球，所以，地球内部有很多岩浆。"

"这个也是从纪录片里面看到的吧？"我笑着猜测明明得到这些知识的途径。

"是的，妈妈。"明明肯定了我的猜测。

"那么，为什么后来地球表面的温度降了下来，而地球内部的温度却没有降下来呢？"我继续提问明明。

明明想了一下，就回答："这个很好理解。地球表面的热量散发到宇宙空间里了，而地球内部的'火焰'因为被地球表面包裹着，所以热量没散发出去呗。"

明明回答得非常在理，我还没有来得及表扬他，又听他补充说道："这就好像在冬天，我们到外面去要穿上大衣，这样我们身体的温度就会被大衣保护住，不会散发出去。"

明明在解释每一个问题的时候都做了一个非常形象的类比，让我非常欣慰。我想他应该是受到了我的一些影响，因为在我给他讲问题或道理的时候，我经常会用一些他能理解或者感兴趣的类比，来帮助或者加深他的理解。

在给了他一个大大的拥抱来表达我对他的赞赏之后，我们又开始了新的讨论。"明明，冬天我们晚上睡觉需要盖棉被，外出需要穿大衣，是为了保证我们身体里面的热量不散发出去，也就是为了保温，对吧？"

明明点点头。

"那么，棉被和大衣是不是都是为了保证热量不散发出去呢？"我又提出新的问题。

明明点点头，回答道："我想是这样的。"

"我们小区门口的那个小超市，保存冰棒的冰柜盖着棉被，你还记得吗？"我提醒了一下明明，但是，明明显得有点儿茫然。

可能是因为买冰棒的时候，明明的注意力更多地集中在冰棒上，所以，他没有注意到保存冰棒的冰柜上面的棉被。我决定和明明一块去买两根冰棒，主要是去感受一下那条棉被的用途。我们走到冰柜前，仔细观察了那条棉被，明明还用手感受了一下棉被的柔软。这条棉被与普通的棉被有一点不同，就是它的表面采用防水布料。这个也好理解，放在外面，难免会被雨水打湿。

"这条棉被是不是跟我们盖的棉被一样保暖呢？"我问明明。

"我摸过了，它应该跟我们盖的棉被是一样的，所以它们应该是一样保暖的。"明明回答我。

"如果棉被是保暖的，那么冰柜里面的冰棒不是更容易融化吗？卖冰棒的人会愿意让冰棒化掉吗？"我反问明明。

"那肯定不是了。"明明小声嘟囔着，低着头慢慢地走在我的旁边。

忽然，明明抬起头说："难道棉被既能保暖又能保冷吗？"

我笑着反问："那你觉得呢？"

见我这样说，明明坚定了自己的想法："棉被就是既能保暖又能保冷，也就是它能'保护'棉被下面物体的温度，不让它跟外面的温度变成一样。"

"嗯，明明，我觉得你说得很有道理，解释得也很清楚。"我肯定明明的解释，接着说，"明明，棉被就是尽可能地保持它内部物体的温度，但是，也不是完全能保持得住，就像你在寒冷的冬天出去，就算你穿着棉衣，是不是也会感觉有些冷呀？"

"是的，妈妈。"明明很干脆地回答我。

我知道，明明应该明白了棉被的作用是尽可能阻止它内部物体的温度变化。

我忽然又想起来另外一个与棉被相关的问题，就想跟明明讨论一下。"明明，天气冷的时候，你洗完澡，马上就想钻到被窝里面吧？"我先引出问题。

"是的，妈妈，要不然就会很冷，比没洗澡的时候还要冷。"明明回答我。

"那么，如果手机掉到水里，我们是不是也应该把手机擦干净，然后也用棉被把手机盖起来呢？"我故意误导明明。

看着明明没说话，我又引导道："你洗完澡，钻到棉被里，是因为棉被可以保暖，那么，手机是不是也需要保暖呢？"

"手机是不需要保暖的，它只需要把水擦干，保持干爽。这样说来，手机是不需要放到棉被里的。"明明回答我。

"那么，把浸了水的手机放到棉被里，是好还是不好呢？要让浸了水的手机恢复正常工作，你需要为手机做些什么呢？"我继续追问明明。

"需要让手机上的水消失，也就是让它保持干爽。要是放在棉被里，水更不容易消失了。所以，浸了水的手机，不应该放到棉被里，而应该用电吹风机把它吹干。"明明顺着自己的思路把问题解释清楚。

"那么，我可以理解为，只要是需要保持温度的时候，都可以用棉被，而不仅仅是需要保持温暖的时候。而浸了水的手机是需要干燥的，干燥的过程是需要想办法把沾到电子设备上的水去掉，而不是让手机保持温度，所以，不能把沾了水的手机放到棉被里。"我把前面提到的问题和挖的"坑"都理清楚，明明跟着我一起把上面的内容总结了出来。

"那么，棉被和地球表面的地壳有什么相同点呢？"我想把之前讨论的火山形成的原因与现实生活中的问题联系在一起。

明明想了一会儿，回答："棉被和地壳都起到了保持它内部温度的作用。"

明明回答得很清楚。可以看得出来，明明找到了这两种事物在保持内部温度特点上的相似之处。很多时候，我们需要对一些生活中不常见的事物的特性和原理通过我们身边熟悉的事物的相似特性进行对比理解，以达到帮助或者加深对事物特性理解的目的。小孩子同样需要这种通过类比来理解事物特性的思维方式，而我们大人需要做的就是引领孩子来逐步培养这种能力。

6.2 法拉第笼和打雷的时候坐在 小轿车里是不是安全？

对于抽象又深奥的问题，孩子该如何通过类比的方式解释其原理呢？

法拉第笼（Faraday cage）是一个由金属或者良导体组成的笼子（图6-1）。由于金属的静电等电位特性，法拉第笼可以有效地屏蔽外电场的电磁干扰。对于明明这样一个三年级要升四年级的小学生（指2017年），他很难了解或者理解这样深奥并且抽象的问题。但是，他可以用类比的方式解释打雷的时候坐在小轿车里是安全的。

图6-1 法拉第笼

那年暑假，我带明明参加了一个科普参观活动，主要是参观北京某大学的物理实验室。实验室的老师给孩子们展示了一些物理实验中用到的仪器和设备，也讲了一些相关的科普知识。参加活动前，我仔细看了活动内容的详细介绍，感觉小学生应该是难以理解那些科学知识的。但是，我觉得明明还是应该参加一些这样的科普参观活动，我没有指望通过这个活动，让孩子能掌握相应的知识，我只是希望借此开拓孩子的眼界。

在科普参观活动正式开始之前，老师带领孩子和家长们在实验室里大致转了一圈。看到了不少实验仪器和设备，我感觉比我上大学时用的要先进许多，更先进的设备通常意味着可以做更深奥、更复杂的实验，看来，我还得多学习呀！

正式活动时，家长是不允许一同参加的，我只能在外面等待。活动结束后，明明蹦蹦跳跳地跑出来，急不可待地跟我分享活动的内容以及他在活动中的表现。当然，明明并不能把老师给他们讲的所有内容都讲给我听，他只说了他觉得自己能讲清楚的内容。其中给我印象最深的，就是他对法拉第笼的理解。

"妈妈，今天老师给我们讲了法拉第笼，还让大家进到法拉第笼里面做实验啦。因为人太多，我没上去，不过，我回答了老师提出的一个问题，老师表扬了我。"明明看起来确实有点兴奋。

我还没来得及询问，明明就开始讲了："妈妈，法拉第笼是一个大笼子，人可以进到里面。一位老师让另外一位老师进到笼子里面，笼子外面的那位老师拿了一个大电源，她说这个电源有几万伏电压，如果电到我们，我们马上就得死了。"

明明做了一个很夸张的"死了"的表情，来说明这个电压确实很危险。

"笼子外面的老师拿着这个大电源在法拉第笼上嚓啦嚓啦嚓啦蹭了好几下，电火花都飞起来了……"明明绘声绘色地描述起来。

"妈妈，你猜结果怎么样？"明明向我提出了问题。

"怎么样？"终于轮到我说话了。

"里面的那位老师不但没有死，而且什么事都没有，还向我们招手呢。"

顿了一顿，明明又说："还有更加神奇的事情呢。笼子里面的那位老师把手放在笼子上，笼子外面的老师拿着那个大电源又在笼子外面蹭了好几次，笼子里面的老师还是啥事儿都没有。"

明明一边说一边用极其夸张的表情来表现他的惊讶，看得出来，他确实特别享受给我讲他的这段经历。

"那么，你知道笼子里面的那位老师为什么没有过电吗？"我问明明。

明明马上把头垂下，嘟哝着："老师讲了，我没听懂。"

没有沉默多久，也就几秒吧，明明又把头抬起来，兴奋地说："不过，老师提出的问题，我却回答出来了，而且老师说我回答得特别好，还问了我几岁啦，是哪个学校的呢。"

"嗯，那老师问你们什么问题了？"我问明明。

明明马上把小腰板挺得直直的，把头抬得高高的，说："老师问，如果在旷野里停着一辆小轿车，人在轿车里，会不会被雷劈中？"

"那你是怎么回答的呢？"我急切地想知道明明对于这样一个自己还不懂的问题是如何作答的。

"妈妈，我虽然不懂老师讲的道理，但是我想：法拉第笼是金属做的，有很大的电压加到这个金属表面时，里面的人没有过电，都好好地活着；汽车也是金属做的，跟法拉第笼差不多，那么，车外面的雷和闪电就跟法拉第笼外面几万伏的电压应该是一样的。既然站在法拉第笼里面的人没有过电，还活得好好的，那么，坐在小轿车里面的人也会好好的，不会受到伤害的。"明明仔细地解释着他对于这个问题的理解。

我非常赞成明明的这种理解方式。对于这样一个他还不能理解的知识或问题，他可以通过对比、类比、想象等方式加以解释。我相信这种学习和思考方式会有利于他未来的学习成长。

当然，对于像法拉第笼静电屏蔽之类的这些知识，明明当时是没办法理解的，但是，随着他年龄的增加、知识和阅历的累积，他会逐渐地接触和理解这些科学知识。比如说，他不能明白法拉第笼里的老师摸着法拉第笼，笼子外的老师用几万伏电压的电源摩擦笼壁，电火花四溅，而笼子里的老师什么事情都没有。当时，明明还问我："妈妈，法拉第笼里的老师摸到那么大的电压都没事，而我们家里的电源插座，那么小的电压，我们摸到的话，都会被电死。你说这是为什么呢？"①

我没有正面回答他，这件事情就此放下。

又过了很长一段时间。一次，我们路过一处高压电线时，看到了一只小鸟停在电线上，如图 6-2 所示。我们一起下车观察，直到小鸟飞走。当然，小鸟没有被电死。

图 6-2　一只小鸟停在电线上

明明不理解其中的道理，我告诉他，这个道理跟他以前看过的法拉第笼道理是一样的。人如果被电到，说明有电流从人身上流过。水是从高处流到低处的，如果在平坦的地面上，水实际上是不会流动的（因为这个现象他看见过很多次，所以不用解释，他就会明白）。那么，同样的道理。电

---

① 编者注：此处电压用大、小形容，是为了保留孩子真实的表达，我想这也符合孩子对于电压的认知。本文中有关孩子对电压的表达，都将保留孩子真实的表达，特此说明。

流也是从高处流到低处的，也就是从高电压流向低电压。如果一根电线两头的电压是一样的，就不会有电流从这根电线上流过。小鸟的两条腿几乎是处于没有电压差的电线上，所以几乎没有电流从小鸟身上流过，小鸟自然不会过电（考虑到孩子的理解问题，这里，我没有提到导线的电阻很小，相对来说，小鸟的电阻很大，电流几乎都从导线流过，所以，流过小鸟身体的电流可以忽略不计）。对于法拉第笼里的人和站在地面上的人，他们都去触摸高电压的电源，为什么一个平安无事，一个会触电呢？其实是因为他们所处的情况不同。法拉第笼里面的人和笼子有两个接触点，就是人的手和人的脚。法拉第笼里的人用手去触摸笼壁时，虽然有高电压加在笼壁上，但整个法拉第笼笼壁上的电压几乎是相同的，几乎处在等电压的状态，这样就几乎没有电流从人体流过，人自然就不会触电。而站在地面上的人用手去接触高电压的电源，手触碰的电源的电压和人脚接触的地面是有电压差的（地面电压为零），所以有电流从人体流过，人自然就会被电到。

时隔快一年（指 2018 年），我再次提起之前明明没有理解的法拉第笼问题，这次明明不但理解了法拉第笼里的人不会被电到的原因，还了解了更多关于电流方面的知识。所以，我觉得学习知识不应太在意一时一地的进步，而应该更多地培养思维习惯，循序渐进。

6.3 人在旋转停下米之后 为什么会头晕？

学科知识的学习，历来在孩子们的生活和成长中占有极为重要的地位。一来，扎扎实实的学科知识能够为孩子们未来学习和工作打好坚实的基础。二来，学好学科知识也能增强孩子们在日常的生活和学习中的自信。学科知识看似纷繁复杂、各式各样，其实，各个学科之间是相互关联的，也就是说，很多学科知识是相互融合在一起的。明明在准备剑桥英语五级考试的时候，不少的考试题目就是对学科知识相互融合的考察。

众所周知，在英语学习中，背单词是一件非常重要、非常关键的事情。和很多淘气的小男孩一样，明明也很贪玩、好奇心强，对于像背英语单词这样枯燥乏味的学习任务总是提不起兴趣。在剑桥英语五级考试的前面两个级别的备考中，前半段时明明没有背单词，后半段时我发现了问题所在，让他背单词，但是，他也不怎么上心，开始背了几天，后来由于各种各样的原因就不怎么背了。导致在过了 PET 之后，我发现有一些低一级的 KET 的词汇，他居然还不会。当我看到朋友家的孩子在准备 PET 需要背诵的长长的、密密麻麻的单词表时，我很惊讶，明明有这么多不认识的单词，是靠什么幸运地通过 PET 的。我试着找到了一些原因，一部分原因可能是他的英语语感相对比较好，还有一部分原因可能是他的"联想"思维方式帮了他很大的忙。

明明曾经跟我分享过一篇他阅读的英文文章，大致是分析人在停止旋转之后还会感到头晕的原因。明明把试题上的原文文章拿给我看，我看完之后问明明："你能明白这篇文章讲的内容吗？"

明明回答说："可以。"

我觉得文章挺难的，为了检验他是否真的明白这篇文章的意思，我从文章中找了几个我认为相对较难的单词，问明明这些单词都是什么意思。明明一脸迷茫，显然，他不知道这些单词的准确意思。我觉得他应该是没有看明白整篇文章的所有句子，也就有点怀疑他是否明白这篇文章，于是问明明是否可以给我讲一下文章的内容，明明点头答应。

明明开始讲解文章的大致意思："这篇文章讲的是人在停止旋转后还会感到头晕的原因。这个主要是因为人的脑袋里有脑浆，当人在旋转的时候，脑浆也是跟人一起旋转的。人停止旋转之后，脑袋里的脑浆并不会跟人一样停止旋转，因为脑浆不是固定在脑袋里面的，而是可以流动的，所以，它会因为惯性保持原来的运动状态，还继续旋转，人就还会感到头晕。"

我很是惊讶明明在有那么多不认识的单词的情况下，还能把文章内容讲得基本正确，解释得也很清楚。

明明似乎看出了我的疑惑，告诉我："妈妈，其实我能把这篇文章看明白，是因为我们两个人之前一起做过的那个向心力的实验。就是在一个装了一半水的水槽里放入一个小钵，小钵里面放上水，然后在水面上旋转小钵，当小钵停止转动时，小钵里的水继续转动，慢慢地才停下来。这里的小钵就相当于我们的脑袋，而小钵里面的水就相当于脑袋里的脑浆。"

其实，当我看到这篇英文文章的时候，脑海里浮现的也是跟明明说的相同的实验场景。所以，可以说我们是用相同的理解方式理解了同一篇英文文章。

那么，到底是什么样的一个实验能使我和明明在阅读英文文章时产生相同的联想呢？这个实验又和这篇文章有哪些相似之处呢？这就需要我把这个·实验解释得更加详细、清楚一些。

　　明明有段时间对宇宙中行星围绕恒星旋转的话题特别感兴趣，我就准备了一些实验，让他了解向心力的原理。其中，有一个实验是关于向心力和惯性的实验，如图6-3所示。

图6-3　实验图片

　　首先，在一个水槽里装上一半的水，把一个像小碗一样的小钵放到水槽中（把一个没有缺口的小钵放在水槽中，要求小钵静止和旋转时都能处于平衡状态），使小钵漂浮于水面上。

　　其次，往小钵里面倒入一些彩色液体（其实水也可以，倒入彩色液体只是为了实验效果更明显），只放入一点儿液体就可以，确保小钵仍漂浮于水面上。

　　再次，旋转小钵，小钵在水面上旋转，同时带动小钵里面的液体一起旋转。

　　最后，用手阻止小钵继续旋转，小钵自身马上停止旋转，但是，小钵里面的液体因为有惯性并没有停止旋转，过了一小会儿，小钵里的液体才停止旋转。

　　这是一个关于向心力和惯性（离心力）的实验。明明通过观察物理实验中的现象，理解了向心力和惯性，在之后的英语阅读中遇到相似的情境时，他才能通过联想物理实验现象去理解英语阅读内容。我认为这是学科知识融合的一个很好的应用，也是帮助明明学习的一个好方法。

知识不是孤立的，知识之间有时是互相联通的。培养孩子的跨界思维方式有利于孩子逐渐学会利用自己所学的知识通过跨界的方式去思考问题、分析问题和解决问题，为今后的学习和工作打下坚实的基础。

鼓励孩子敢于犯错

7

　　人类科学的发展史就是一个敢于犯错、敢于尝试、不断进步的过程。比如，早在 500 多年前，尼古拉·哥白尼（Nicolaus Copernicus）提出了日心说。今天，人们都知道太阳不是宇宙的中心，日心说是不正确的，但是，正是由于日心说的出现才使后来的科学家能在此基础上继续研究宇宙，发现更加神秘浩瀚的宇宙。再如，早在 300 多年前，伟大的物理学家、数学家艾萨克·牛顿（Isaac Newton）提出了光的微粒说，但它并不能很好地解释一些科学现象。科学家根据光的一些现象，进一步发现了光的波动性和粒子性，才形成了现在的光的波粒二象性理论，为人类认识和走向宇宙奠定了坚实的基础。更如，2006 年科学界修正了一个之前不恰当的结论，把太阳系九大行星修改为八大行星，这是因为最新的研究发现冥王星只能作为矮行星。

　　正是因为这些敢于犯错、敢于尝试的人们的不断努力，才有了我们今天不断前行的科学技术和不断改善的美好生活。培养孩子敢于尝试、不怕犯错的科学精神，有利于孩子树立终身学习的意识，有利于孩子培养勇于创新的精神，也有利于孩子未来更好地发展，从而为他们的人生创造出更多的可能。

7.1 犯错不可怕

犯错历来被一些人认为是一件很可怕的事情，因为很多人追求完美的经历和结局。对于小孩子，他们更是觉得犯错误是一件可怕的事情，因为他们在潜意识里觉得，只有不犯错误才可能成为父母和老师心目中的好孩子。实际上，人不可能不犯错误。如果想使自己得到更大的提升，必须不断地挑战自己，那么犯错误也就在所难免了。只有经过不断地尝试、不断地试错、不断地反思和总结，才能不断地超越自己、不断地提升自我。那些畏惧犯错误的人，只能在自己熟悉的领域或在认知范围内重复地做自己熟悉的事情，但是，这样一来，会丢失不少好的机会，注定无法实现自我超越和提升。

在明明的成长经历中，我也发现：我越是在意他犯错误，他越是畏缩，越是容易犯错误；而我越是不在意他犯的错误，鼓励他，让他去尝试，他越是能在自信中不断进步。

记得明明刚开始上小学的时候，在学校学的知识相对简单，但是，考试时他总是不能够全部做对，不是这里错一点儿，就是那里错一点儿。跟他一说，他就明白，但是，让他一做，就会出错。后来，明明对我说，考试的时候，他很紧张，老是担心自己出错。我这才意识到，他经常犯错误是因为我给了他太多的压力。

后来，我逐渐端正了自己对他犯错误的态度，也让他认识到，考试仅仅是对自己一段时间学习情况的检验。如果考试成绩不好，就应该认真找找原因，想出改进的办法，学会知识和积累经验都是进步。在后来的学习中，虽然他还会不停地犯各种各样的错误，但是，他都能认真反思，尽可能地少犯或不犯相同的错误。比如，有一次，在语文课堂上听写生字，他把"爱戴"写成了"爱带"，把"祭奠"写成了"纪奠"。回家后，他拿着语文考试卷子，让我签字。明明主动告诉我他对于"爱戴"的理解："爱戴"一般是说爱戴长辈或者自己尊敬的人，要像"戴"帽子一样把他"戴"在自己的头顶，所以，"爱戴"的"戴"与戴帽子的"戴"是一样的。"祭奠"的意思是对去世的人的祭拜，就像陆游写的《示儿》这首诗中的"家祭无忘告乃翁"一样，所以，要用"祭拜"的"祭"。再如，做算术题目 52.50−31.79=20.71，对于整数位是 21 还是 20，在不经意间就会出错。明明在自己犯了几次错误之后也总结出来：这样的题目先看小数部分，小数部分被减数小于减数，所以，就先确定了差的整数部分是 52−31−1=20。

通过这些小小的技巧，取得的进步虽然很小，但是，孩子的进步不就是由这么一些小小的进步一点点积累的吗？值得肯定的是，面对这些错误，明明逐渐学会了自我反思，这对于孩子的成长是非常有意义的。

后来，再高一点年级的时候，语文的阅读题目对于明明来说比较困难，我答应他，我不要求他一定说得都对，但要求他说出自己的想法，这样，我们才能一起讨论。在不断地犯错和尝试中，明明的分析能力越来越强，同时也越来越愿意说出自己的想法。

我想，这些从小培养起来的习惯对于明明的未来应该是很有帮助的，因为人生的道路上不可能都是一帆风顺的，总会有这样或那样的坎坷和挫折，只要他能在错误中不断地反思自己，不被困难所打倒，不断地努力和改进，那么他的人生一定会是乐观向上而幸福成功的人生。

7.2 妈妈也是需要学习的

在小孩子的潜意识里，大人是什么都会、什么都懂的，是不需要学习的。明明在成长中经历了从对妈妈的盲目崇拜，到接纳妈妈的平凡，最后到理解每个人都需要不断学习的过程。

我记得，明明第一次发现妈妈也有不懂的问题是在我跟他一起读苏轼的《念奴娇·赤壁怀古》时，词中有一句："羽扇纶巾，谈笑间，樯橹灰飞烟灭。"

明明认为"羽扇纶巾"指代的是诸葛亮。我没有觉得明明的这个想法是错误的，但是，我又觉得这首词写的是周瑜，"羽扇纶巾"如果指代的是诸葛亮，逻辑上多少有点儿不通顺。于是，我和明明一起查资料，发现其实"羽扇纶巾"是古代对儒官的统称，不是指具体的人物。当时，明明还很惊讶妈妈居然也有不懂的事情。

后来，我跟明明直截了当地说："其实妈妈的古文不太好，你现在学的很多知识，妈妈小时候都没有学过。所以呢，如果妈妈要想跟你一起交流，也是需要跟你一样，辛苦地学习这些新知识的。这跟我们学习数学是一样的，如果你的数学解题思路和我的思路不一样，你需要耐心地给我讲解你的思路，我们俩都是学生，都是平等的，我可以教你，你也可以教我，这样我们才能共同进步。"

至此，明明基本接受了妈妈确实有很多不懂的事情，也是需要不断地学习的事实。当然他也知道，他作为小学生，不懂的事情更多，更加需要学习。

后来，当他问到一些我不懂的问题时，我也会如实告诉他："妈妈确实不懂。"

他能平静地接受这个事实，要么积极地跟我一起查资料，想办法弄明白，要么等我学习明白了再跟他一起分享。

我觉得在我们一起学习一起成长的过程中，他逐渐学会了理解和宽容，也明白了学习是终身的工作和任务。只有不断学习才不会被时代所淘汰，才能不断地实现自我，才能离自己的理想越来越近。

参考文献

[1] [美] 阿尔伯特·爱因斯坦，[波兰] 利奥波德·英费尔德. 物理学的进化 [M]. 周肇威，译. 北京：中信出版社，2019.

[2] [英] 大卫·麦考利，尼尔·阿德利. 万物运转的秘密 [M]. 赵耀康，韦坤华，译. 北京：电子工业出版社，2014.

[3] [德] 菲利普·弗兰克. 爱因斯坦传 [M]. 吴碧宇，李梦蕾，译. 武汉：长江文艺出版社，2016.

[4] [美] 理查德·费曼. 你好，我是费曼 [M]. 印姗姗，译. 海口：南海出版公司，2016.

[5] [美] 理查德·丘吉尔，路易斯·勒斯尼格，缪丽尔·曼德尔，弗朗西斯·兹韦费尔. 小牛顿美国科学游戏——身边的科学 [M]. 苏亭，译. 北京：北京科学技术出版社，2012.

[6] 李开复. 做最好的自己 [M]. 北京：人民出版社，2005.

[7] 李镇西. 民主与教育：一个中学教师对民主教育的思考 [M]. 成都：四川少年儿童出版社，2004.

[8] [美] 约翰·D·布兰思福特，等. 人是如何学习的：大脑、心理、经验及学校（扩展版）[M]. 程可拉，孙亚玲，王旭卿，译，上海：华东师范大学出版社，2013.